Sammlung Außerdeutscher Strafgesetzbücher
in deutscher Übersetzung

Herausgegeben von
Professor Dr. Hans-Heinrich Jescheck,
Direktor des Instituts für ausländisches und internationales Strafrecht
an der Universität Freiburg i. Br.
und Professor Dr. Gerhard Kielwein, Saarbrücken

LXXVIII.

Allgemeines Isländisches Strafgesetz
Almenn hegningarlög

Berlin 1961

Walter de Gruyter & Co.

vormals G. J. Göschen'sche Verlagshandlung · J. Guttentag, Verlagsbuchhandlung · Georg Reimer · Karl J. Trübner · Veit & Comp.

Allgemeines Isländisches Strafgesetz

Gesetz Nr. 19 vom 12. Februar 1940
nach dem Stande vom 1. August 1960

Übersetzt von

G. A. Sveinsson

Anwalt beim Obersten Gerichtshof Islands

und

Sigrún Sveinsson

Staatlich geprüfte Dolmetscherin

Einleitung von

Dr. Thórdur Eyjólfsson

Präsident des Obersten Gerichtshofs Islands

Berlin 1961

Walter de Gruyter & Co.

vormals G. J. Göschen'sche Verlagshandlung · J. Guttentag, Verlagsbuchhandlung · Georg Reimer · Karl J. Trübner · Veit & Comp.

Gedruckt mit Unterstützung der Gesellschaft für Rechtsvergleichung

Archiv-Nr. 24 63 61/78
Satz und Druck: Thormann & Goetsch · Berlin-Neukölln

Vorwort

Die vorliegende Übersetzung des allgemeinen isländischen Strafgesetzes habe ich mit dem Beistand meiner Tochter, der staatlich geprüften Dolmetscherin Sigrún Sveinsson, vorgenommen. Als Einleitung wird hier die Einführung zu den Motiven der Gesetzesvorlage, die vom jetzigen Präsidenten des Obersten Gerichtshofes Islands, Dr. jur. Thórdur Eyjólfsson, verfaßt wurde, mit seinem Einvernehmen abgedruckt.

Das jetzige isländische allgemeine Strafgesetz ist das Gesetz No. 19 vom 12. Februar 1940. Dieses Gesetz war eine Kodifikation des allgemeinen Strafrechts. Im großen und ganzen gilt dieses Gesetz noch. Einige Veränderungen sind jedoch später durch neue Gesetze beschlossen worden, und zwar durch

Gesetz No. 47 vom 27. Juni 1941,
Gesetz No. 36 vom 17. Juni 1944,
Gesetz No. 101 vom 23. Dezember 1950,
Gesetz No. 100 vom 7. Dezember 1951,
Gesetz No. 22 vom 3. Mai 1955,
Gesetz No. 20 vom 1. März 1956,

wovon die Änderungen des Gesetzes No. 22/1955 über die bedingte Aussetzung von Klagen und Urteilen die wichtigsten sind. Die angeführten Änderungen sind noch in Kraft. Ich habe diese Bestimmungen in die vorliegende Ausgabe an ihren Stellen in der Kodifikation anstatt der früheren Bestimmungen aufgenommen.

Eine Kommission, der u. a. Dr. Eyjólfsson angehört, arbeitet noch an Veränderungen des Gesetzes.

Reykjavík, den 1. August 1960.

G. A. Sveinsson

Inhaltsverzeichnis

Einleitung

Die Vorlage zum isländischen allgemeinen Strafgesetz, Gesetz Nr. 19 vom 12. Februar 1940, wurde von dem jetzigen Präsidenten des Obersten Gerichtshofes Islands, Dr. jur. Thórdur Eyjólfsson, verfaßt. Die folgende kurze Abhandlung ist seine Einleitung zu den Motiven der seinerzeitigen Vorlage.

Die isländische Strafgesetzgebung ist bisher in zwei Hauptgruppen geteilt worden, das allgemeine und das besondere Strafgesetz. Unter die erste Gruppe gehört das allgemeine Strafgesetz vom 25. Juni 1869 mit den vorgenommenen Änderungen und Zusätzen. In diesem Zusammenhang sind besonders zu nennen: das Gesetz Nr. 16 vom 20. Oktober 1905 über die Strafe für eine Tat, die die Neutralität des Staates gefährdet, das Gesetz Nr. 39 vom 16. November 1907 über bedingte Strafurteile und Jugendstrafen, das Gesetz Nr. 34 vom 3. November 1915, über den Tierschutz, das § 229 des allgemeinen Strafgesetzes von 1869 ersetzt hat, das Gesetz Nr. 6 vom 4. Juni 1924 über die Änderung des § 182 des allgemeinen Strafgesetzes von 1869, das Gesetz Nr. 51 vom 7. Mai 1928 über einige provisorische Änderungen und Zusätze zu der Strafgesetzgebung und das Gesetz Nr. 57 vom 19. Juni 1933, über die Änderungen an dem letztgenannten Gesetz. Außerdem erfolgten verschiedene der Zusätze zu dem allgemeinen Strafgesetz von 1869 in der Weise, daß in dem neueren Gesetz angeordnet ist, daß nach bestimmten Paragraphen des Strafgesetzes von 1869 mit Zusätzen für dort aufgezählte Taten zu bestrafen sei. Allen Taten gemäß dem allgemeinen Strafgesetz ist es gemeinsam, daß sie den allgemeinen Bestimmungen der Kap. 1—8 des Strafgesetzes von 1869 direkt unterliegen.

Andere Straftaten als die obengenannten gehören unter ein besonderes Strafgesetz. Es ist zwar nicht immer eindeutig, ob eine betreffende Strafbestimmung zu einem besonderen Strafgesetz oder zu einem Zusatz zu dem Strafgesetz von 1869 gezählt werden soll. Die Entscheidung ist besonders wichtig dafür, ob die Tat direkt den obengenannten allgemeinen Bestimmungen des Strafgesetzes unterliegt. Andererseits meint man, daß verschiedene, obenangeführte allgemeine Bestimmungen des Strafgesetzes von 1869 analog auf Taten gemäß den besonderen Strafgesetzen angewandt werden können.

Im isländischen Strafgesetz gibt es viele Strafbestimmungen, die unter besondere Strafgesetze gehören. Als Beispiele können genannt werden: Die Strafbestimmungen des Alkohol- und Weingesetzes, des Autogesetzes, des Steuergesetzes, des Naturschutzgesetzes, verschiedener Berufsordnungen, des Prozeßgesetzes, in Polizeianordnungen, Bauanordnungen usw. Üblich ist, daß schwerere Straftaten dem Allgemeinen Strafgesetz unterliegen, während über die kleineren Delikte und Vergehen Bestimmungen im besonderen Strafgesetz festgelegt sind. Diese Regel ist jedoch gar nicht ohne Ausnahme, weil kein naturgemäßer Unterschied zwischen den Taten, die nach dem Allgemeinen Strafgesetz strafbar sind, und denen, die nach einem besonderen Strafgesetz zu bestrafen sind, gefunden werden kann.

Das Allgemeine Strafgesetz vom 25. Juni 1869 ist gut und deutlich abgefaßt und war seinerzeit eine wichtige Rechtsverbesserung auf seinem Gebiet. Aber während seines 70jährigen Bestehens hat sich die allgemeine Strafkunde sehr geändert, und wichtige und vielseitige Änderungen sind an der Lebensweise und den ökonomischen Verhältnissen des isländischen Volkes zu merken. Daher wird es niemanden verwundern, wenn einerseits einige der Bestimmungen des Gesetzes rückständig geworden sind und fortfallen sollen, wie auch, daß das Gesetz für Taten keine Strafe vorsieht, die jetzt zu bestrafen wären.

Diese Fehler sollen nun durch diese Gesetzesvorlage, wenn sie gesetzlich angenommen ist, ausgeglichen werden. Die Absicht ist hier, eine Gesamtsammlung der allgemeinen strafrechtlichen Normen abzufassen (vgl. I.—IX. KAP. der Vorlage), wie auch die Aufzählung der Taten und der dazugehörigen Strafbestimmungen, bei denen es angebracht erscheint, daß sie unter das Allgemeine Strafgesetz gehören. Ihre Gültigkeit behalten jedoch verschiedene Strafbestimmungen der Gesetze, die für besondere Taten Strafen vorsehen; wird darin auf bestimmte Paragraphen des Strafgesetzes von 1869 oder seine Zusätze verwiesen, so ist das dann so zu verstehen, daß der Hinweis auf die Normen dieser Gesetzesvorlage erfolgt, die der genannten Bestimmung des Strafgesetzes von 1869 am meisten verwandt ist (vgl. § 269 der Vorlage).

Durch diese Vorlage sind die bisher geltenden Normen so geändert worden, daß alle strafbaren Taten den allgemeinen Bestimmungen des Kap. I—IX der Vorlage direkt unterliegen, gleichgültig ob sie nach dem allgemeinen oder besonderen Gesetz strafbar sind, ausgenommen jedoch die Bestimmungen der §§ 18—23 u. 56 über die Geldstrafen nach besonderen Strafgesetzen, ebenso § 81. Diesen Bestimmungen unterliegen andere Taten als die in der Vorlage erwähnten nicht direkt; aber trotzdem wird es nicht für unerlaubt angesehen, sie per analogiam bei nach besonderem Strafgesetz strafbaren Taten anzuwenden, wenn die Bedingungen für eine Analogie vorhanden sind.

In der Vorlage enthalten einige Bestimmungen über die Folgen einer strafbaren Handlung andere Maßnahmen als Strafen; vgl. § 9 über die Auslieferung von Verbrechern, die Bestimmungen der §§ 55 und 266 über Gefangene, die Tagesstrafen oder Unterhaltspflichten verbüßen, die Bestimmungen des Kap. VII (§§ 62—69) über verschiedene Sicherheitsmaßnahmen, den Entzug der bürgerlichen Rechte und die Beschlagnahme von Eigentum, die §§ 84 und 85 über die Wiederverleihung von Ehren und Rechten, die Bestimmungen des § 241 über die Tilgung von Beleidigungen und die Veröffentlichung des Urteils in einem Verleumdungsprozeß und schließlich die Bestimmungen des Kap. XXVII (§§ 264, 265 und 267) über Schmerzensbuße, Fortfall des Erbrechtes und die Unterbringung von Kindern unter 15 Jahren, die eine Straftat begangen haben.

Bevor die einzelnen Kapitel und Paragraphen dieser Vorlage behandelt werden, sind die Hauptgründe ihrer Zusammensetzung kurz zu erklären.

Die Bestrafung ist eine der Methoden, die die Allgemeinheit hat, um sich vor rechtswidrigen Taten zu schützen. Der Zweck der Strafe ist erstens der Schutz der allgemeinen Rechtssicherheit und die Erhaltung der gesetzgebundenen Staatsordnung. Außerdem befriedigt die Strafe den Gerechtigkeitssinn der Gemeinschaft, die sich nicht damit abfindet, daß jemand wichtige Rechte anderer Leute unbestraft verletzt. Es wird nicht bezweifelt werden, daß die Strafe wegen dieses Zwecks gerechtfertigt ist, da man davon ausgehen kann, daß andere und mildere Methoden ohne Wirkung bleiben würden. Die Strafe ist aber ein Unglück, nicht nur für den Bestraften, sondern auch für verschiedene Individuen, besonders für die Familie des Verbrechers und schließlich auch für die Volksgemeinschaft im ganzen, obwohl sie für das Volk ein notwendiges Übel ist. Daraus folgt, daß man nur dann strafen soll, wenn das nötig ist und wenn die Strafe für zweckmäßig gehalten wird. Verschiedene Delikte sind derartig, daß andere und mildere Maßnahmen dafür geeignet sind, diese zu vermeiden. Als Beispiel kann man die Ersatzpflicht desjenigen, der mit einem Vertragsbruch Schäden verursacht, anführen. Dieselbe soll darauf einen ausreichenden Druck ausüben, daß man seine Verabredungen hält, so daß man es nicht als angebracht findet, im allgemeinen wegen Vertragsbruchs zu strafen. Dasselbe gilt, wenn man fahrlässig fremdes Eigentum beschädigt, es sei denn, daß ein großer Schaden verursacht worden ist (vgl. § 257 der Vorlage). Verschiedene andere solche Beispiele können angeführt werden, bei denen große Interessen nicht beeinträchtigt werden.

Die allgemeine moralische Anschauung, daß gesetzmäßige Interessen anderer zu respektieren sind, ist bei dem Vermeiden von Rechtsbrüchen wichtiger als alle Strafen. Aber das Bewußtsein von der Strafbarkeit einer bestimmten Tat wird auch in derselben Weise wirken, obwohl diese Wirkungen weder gemessen noch gewogen werden können. Die Strafe regt auch oft die Ansicht an, daß es moralisch unrichtig ist, eine Tat zu begehen, die einer Strafe unterliegt. Ferner ist die Strafe dazu bestimmt, den Bestraften selbst zu beeinflussen und ihn durch Furcht vor einer neuen und öfters größeren Strafe daran zu hindern, ein neues Delikt zu begehen. Dagegen ist nicht anzunehmen, daß eine Strafe dazu geeignet ist, den moralischen Gedanken des Bestraften zu verbessern. Die Strafe ist, wie gesagt, eine Nothilfe, andere Methoden dagegen werden besser dazu helfen, zu wahrer Gesetzestreue zu erziehen.

Beim Erlaß eines neuen Strafgesetzes ist es ein höchst wichtiges Moment, welche Strafen anzuwenden sind. Mit einer Strafe werden etliche Interessen des Beschuldigten verschlechtert. Allgemeine Strafen müssen deshalb gegen solche Interessen gerichtet werden, die möglichst vielen Leuten gemeinsam sind. Deshalb wurden u. a. in alten Zeiten und werden in gewissen Ländern wieder von neuem körperliche Strafen viel verwendet. Mit dem Strafgesetz von 1869 fielen körperliche Strafen in diesem Lande meistens fort, und die Todesstrafe wurde im Jahre 1928 abgeschafft. In der vorliegenden Vorlage werden keine körperlichen Strafen vorgesehen.

Das Strafgesetz von 1869 hatte unter den Strafen Amtsverlust und Verlust des Wahlrechtes. Jetzt wird es als angebrachter empfunden, Amtsverlust als Folge einer strafbaren Tat vorzuschreiben, wenn der Beschuldigte nicht mehr für würdig angesehen wird, ein solches Amt zu bekleiden (vgl. § 68 der Vorlage), und den Verlust des Wahlrechtes dann, wenn die Tat derartig ist, daß der Ruf des Beschuldigten nicht mehr als unbefleckt gelten kann (vgl. den zitierten § 68 und § 28 des Verfassungsgesetzes).

In der vorliegenden Vorlage werden nur zwei Strafarten vorgesehen: Geldstrafe und Freiheitsstrafe, die aber etwas anders als nach dem Strafgesetz von 1869 vollzogen werden. Es wird jetzt vorgesehen, Geldstrafen durch Zwangsvollstreckung einzutreiben, es sei denn, daß die Eintreibung die Stellung des Beschuldigten oder derjenigen, die er ernährt, empfindlich stört. Die endgültige Beurteilung dessen obliegt den Gerichten (vgl. § 52 der Vorlage). Wird eine Geldstrafe nicht bezahlt, so ist dieselbe wie bisher durch Freiheitsstrafe abzubüßen.

Bei Freiheitsstrafen unterscheidet man laut der Vorlage nur zwischen Haft und Gefängnis. Es wird damit gerechnet, daß bei größeren Verbrechen, wie auch dann, wenn es als nicht angebracht angesehen wird, daß der Beschuldigte mit Haftsträflingen umgeht, z. B. wenn er früher im Gefängnis gesessen hat, obwohl das zuletzt begangene Delikt nur ein kleines Vergehen war, zu Gefängnis verurteilt wird. Haftstrafe ist dagegen überhaupt wegen kleineren Delikten, doch mit der obenangeführten Ausnahme (vgl. die Regelung im letzten Abs. von § 44 in der Vorlage), anzuwenden. In diesem Lande kann die Absonderung der Gefangenen nie so durchgeführt werden wie bei den großen Nationen; die angeführte Sonderung der Haftsträflinge von anderen Gefangenen ist aber unbedingt notwendig.

Die Bestimmung gilt aber, daß die Freiheitsstrafe mit Arbeitspflicht verbunden ist. Es wird jedoch Haftsträflingen ermöglicht, daß sie für sich selbst die Arbeitsaufgaben beschaffen, wenn dies mit

Sicherheit und guter Ordnung vereinbar ist. Selbstverständlich wird damit gerechnet, daß die Arbeit der Gefangenen hinsichtlich der Arbeitszeit und anderer Bedingungen mit gewöhnlicher körperlicher Arbeit auf dem Lande und auf der See ähnlich sein wird. Unmenschliche Härte darf durch die Arbeit nicht ausgeübt werden; wird die Arbeit aber leichter gemacht als bei gewöhnlicher täglicher körperlicher Arbeit, so würde dies die Wirkung der Strafe verringern.

Das allgemeine dänische Strafgesetz vom 15. April 1930 ist bei der Abfassung der vorliegenden Vorlage hauptsächlich als Vorbild benutzt worden, doch unter Berücksichtigung verschiedener anderer fremder Strafgesetze und Entwürfe zu Strafgesetzen. Selbstverständlich hat man immer im Auge behalten, was hier in Island am besten passen würde.

Allgemeines Strafgesetz

I. KAPITEL

Strafbefugnis, Räumliche Geltung des Strafgesetzes, Auslieferung Krimineller usw.

§ 1

Ein Mensch ist nur zu bestrafen, wenn er sich einer Handlung strafbar gemacht hat, die nach dem Gesetz strafbar ist, oder einer gleichkommt, die dort als Verbrechen gilt.

§ 2

Sind die zur Zeit der Aburteilung einer Handlung geltenden Gesetze verschieden von denen, die zur Zeit der Begehung galten, so entscheiden sich Strafbarkeit und Strafe nach dem späteren Gesetz. Es darf jedoch nur ein Strafurteil gefällt werden, wenn dafür nach dem Gesetz eine Befugnis zu der Zeit der Begehung der Tat vorhanden war. Die Entscheidung darf nicht strenger sein als nach dem früheren Gesetz.

Sind die Strafbestimmungen des Gesetzes aus Gründen, die nicht von einer geänderten Anschauung des Gesetzgebers über die Strafbarkeit der Tat zeugen, fortgefallen, so ist nach dem Gesetz zu urteilen, das zur Zeit der Tat gültig war.

Fällt, abgesehen von dem letzteren Fall, die Strafbarkeit einer Handlung durch Gesetz fort, so fällt auch die für eine solche Handlung verhängte, aber nicht vollzogene Strafe fort. Andere Folgen der Tat, welche die Strafbarkeit nach dem älteren Gesetz zur Folge hatte, fallen auch fort, ausgenommen die Pflicht zur Zahlung der Strafkosten. Es kann auch dem Bezirksgericht, das in der Sache geurteilt hat, oder dem Amtsgericht des Bezirks, in dem der Betreffende wohnhaft ist, vorgelegt werden, ob die Strafe infolge des Strafurteils fortfällt oder gemildert werden soll, wenn das Urteil gleichzeitig mehrere Taten umfaßt. Der Beschluß des Bezirksgerichtes kann angefochten werden.

§ 3

Wo bei Rückfall Strafschärfung oder andere Rechtsfolgen vorgesehen sind, kommen Entscheidungen, die nach früherem Recht ergangen sind, nach ihrem Inhalt in gleicher Weise in Betracht, wie Entscheidungen nach dem Gesetz, auf Grund dessen die spätere Handlung zu beurteilen ist.

§ 4

Unter isländische Strafgewalt fallen Handlungen, die begangen werden

1. im isländischen Staate. Ist die Tat von einem Angestellten eines ausländischen Schiffes oder Flugzeuges, was hier auf Reisen ist, gegen einen Passagier oder jemanden, der Interessen vertritt, die das Fahrzeug angehen, begangen worden, ist hier nur dann zu bestrafen, wenn der Justizminister eine Untersuchung und Strafverfolgung anordnet.
2. Auf isländischen Schiffen oder Flugzeugen begangene Taten ohne Rücksicht auf den Ort, wo sie zur Zeit der Tat waren. Ist eine Tat auf dem völkerrechtlich anerkannten Gebiet eines anderen Staates begangen worden und von einem Menschen, der weder ein fester Angestellter noch ein Passagier auf dem Fahrzeug ist, ist die Tat nur zu verfolgen, wenn nach den §§ 5 und 6 dafür eine Befugnis besteht.

§ 5

Unter die isländische Strafgewalt fallen ferner Handlungen, die isländische Staatsbürger oder Leute, die in Island leben, im Auslande begangen haben:

1. Falls die Handlung außerhalb des völkerrechtlich anerkannten Gebiets eines Staates begangen ist, wenn die Handlung nach den Gesetzen des Heimatlandes auch strafbar ist.
2. Falls die Handlung innerhalb eines solchen Gebiets begangen ist, wenn sie auch nach dem dort geltenden Gesetz strafbar ist.

§ 6

Unter die isländische Strafgewalt fallen ferner im Ausland begangene Handlungen, ohne Rücksicht auf die Person des Täters:

1. Wenn die Handlung sich gegen die Selbständigkeit, die Sicherheit, die Verfassung oder öffentliche Behörden des isländischen Staates richtet oder eine Amtspflicht gegen den Staat oder solche Interessen verletzt, deren Rechtsschutz im isländischen Staat ein besonderes Zugehörigkeitsverhältnis zu diesem voraussetzt.
2. Wenn die Handlung eine Verpflichtung, deren Beobachtung im Ausland dem Täter kraft Gesetzes obliegt, oder eine ihm gegenüber beim Einstellen auf ein isländisches Fahrzeug obliegende Amtspflicht verletzt.
3. Wenn eine außerhalb des völkerrechtlich anerkannten Gebiets eines Staates begangene Handlung sich gegen einen isländischen Staatsangehörigen oder gegen jemanden richtet, der seinen Wohnsitz im isländischen Staat hat. Taten nach Ziffer 3 sind nur auf Anordnung der Anklagebehörde zu verfolgen.

§ 7

In den Fällen, in denen die Strafbarkeit einer Handlung davon abhängt oder davon beeinflußt wird, daß ein Erfolg eintritt oder beabsichtigt ist, gilt die Handlung zugleich als an dem Ort begangen, an dem der Erfolg eingetreten ist oder eintreten sollte.

§ 8

Findet eine Strafverfolgung im Inlande statt, so ist sowohl über die Strafe wie über andere Rechtsfolgen der Handlung nach den isländischen Gesetzen zu entscheiden.

In den Fällen des § 5 kann aber, wenn die Handlung auf ausländischem Gebiet begangen ist, auf keine strengere Strafe erkannt werden als nach den Gesetzen des Heimatlandes, vgl. Abs. 1, oder denen des Tatortes, Abs. 2, vorgesehen ist.

In den Fällen des § 5, Abs. 2, ist die Verfolgung im Inlande unzulässig, wenn der Täter in dem Staat, in dem die Handlung begangen ist, rechtskräftig freigesprochen ist oder wenn die dort erkannte Strafe vollzogen oder nach den dortigen Gesetzen fortgefallen ist.

Hat abgesehen hiervon ein im Inland, wegen einer Handlung Abzuurteilender bereits anderswo eine Strafe dafür verbüßt, so ist dies in der Weise zu berücksichtigen, daß die Strafe entsprechend herabgesetzt wird oder ganz fortfällt.

§ 9

An andere Staaten dürfen nicht ausgeliefert werden:

1. Isländische Staatsbürger.
2. Menschen, die eines politischen Vergehens beschuldigt sind.
3. Ausländische Staatsbürger wegen einer Tat, die nach dem isländischen Gesetz nicht strafbar ist oder wonach die Strafbarkeit fortgefallen ist.

Ein ausländischer Staatsbürger darf nur dem Staate ausgeliefert werden, in dem er die Tat begangen hat, oder dem Staate, dessen Staatsbürgerschaft er hat.

Ist ein ausländischer Staatsbürger seit 2 Jahren in Island wohnhaft, so wird er nur dann, wenn dringende Gründe vorhanden sind, ausgeliefert.

Bei einer Auslieferung können jedoch dem betreffenden Staate die Bedingungen gesetzt werden, daß dieser versichert, den Ausgelieferten nicht für andere, vor der Auslieferung begangene Taten, sondern nur für die, deretwegen er ausgeliefert wird, zu bestrafen, und nicht strenger als das isländische Strafrecht als strengste Strafe für die Tat vorsieht.

§ 10

Wenn ein ausländischer Staat dem isländischen Staat einen Menschen zur Bestrafung ausgeliefert hat, darf er, wenn der ausländische Staat solche Bedingungen setzt, nicht für andere, vor der Auslieferung begangene Taten als die, deretwegen er ausgeliefert wird, bestraft werden, und nicht strenger als dieser bedingt hat.

§ 11

Die Vorschriften der §§ 4—6 und 9 dieses Gesetzes finden keine Anwendung, soweit ihnen völkerrechtlich anerkannte Ausnahmen entgegenstehen.

II. KAPITEL

Bedingungen der Strafbarkeit

§ 12

Wer eine Tat in Notwehr begeht, handelt nicht strafbar, soweit diese notwendig war, um sich vor einem gesetzwidrigen Überfall, der begonnen hat oder zu beginnen droht, zu verteidigen oder diesen abzuwenden, insofern diese in Notwehr begangene Tat nicht augenscheinlich gefährlicher ist als der Überfall und der geschätzte Schaden, den der Überfall verursachen könnte.

Hat der Täter die Grenzen der erlaubten Notwehr durch Furcht oder Verwirrung überschritten, so daß er sich selbst nicht vorsehen konnte, so ist er straffrei.

§ 13

In Notwehr begangene Handlungen sind straflos, soweit sie notwendig waren, um von einem Rechtsgut eine drohende Gefahr abzuwenden, obwohl dabei andere Interessen, die als sehr viel unwichtiger angesehen werden müssen, beschädigt werden.

§ 14

Nicht zu bestrafen ist ein Täter, der zur Zeit der Tat noch nicht 15 Jahre alt war.

§ 15

Nicht zu bestrafen ist der Täter, der durch Wahnsinn, geistige Unreife oder Abartigkeit, Bewußtseinsverminderung oder durch einen ähnlichen Zustand zur Zeit der Tat gänzlich unfähig war, sein Handeln zu beherrschen.

§ 16

Ist der Täter geistig minderwertig, z. B. durch Unreife, Abartigkeit, sexuelle Unreife oder durch andere Störungen, sein Zustand aber nicht in dem Maße wie in § 15 erwähnt, so ist er für die Tat zu bestrafen, wenn Umstände und ärztliches Urteil daraufhin deuten, daß die Strafe Erfolg haben könne.

Gibt es für die in diesem § erwähnten Menschen eine Anstalt, so kann im Strafurteil bestimmt werden, daß der Schuldige dort seine Strafe verbüßt.

§ 17

Strafbar ist eine Tat, die unter Einfluß von Alkohol oder anderen Rauschgiften begangen wird. Wenn es sich um vollkommene Bewußtlosigkeit handelt, so ist nur dann zu bestrafen, wenn der Schuldige im Voraus gewußt hat oder jeden Grund gehabt hat zu meinen, daß er diese Tat unter dem Einfluß begehen würde, oder dieses als Folge seines Zustandes eintreten würde.

§ 18

Eine nach diesem Gesetz strafbare Tat ist nur dann strafbar, wenn sie vorsätzlich oder durch Fahrlässigkeit begangen wird. Fahrlässigkeit wird nur dann bestraft, wenn dies im Gesetz bestimmt ist.

§ 19

Knüpft das Gesetz an eine besondere Folge der Tat eine schwerere Strafe, so trifft diese den Täter nur, wenn ihm hinsichtlich dieser Folge wenigstens Fahrlässigkeit zur Last fällt, oder, wenn der Täter nicht mit äußerster Möglichkeit versucht hat, die Gefahr, die die Tat zur Folge hatte, abzuwenden, als er diese gewahr wurde.

III. KAPITEL

Versuch und Mittäterschaft

§ 20

Jeder, der beschlossen hat, eine nach diesem Gesetze strafbare Tat zu begehen und dieses Vorhaben durch Handlungen, die den Anfang der Ausführungen bilden, ausdrücklich gezeigt, die Tat aber noch nicht vollführt hat, hat sich des Versuches schuldig gemacht.

Der Versuch einer Tat kann milder als eine vollendete Tat bestraft werden. Auf diese Weise ist dann besonders zu erkennen, wenn der Versuch von geringerer Stärke oder Festigkeit des verbrecherischen Vorsatzes, als es sonst üblich ist, zeugt.

Von Strafe kann abgesehen werden, sofern das Interesse, gegen das die Tat gerichtet ist, oder die Tat selbst so beschaffen ist, daß der Versuch zu einer Vollendung der Tat nicht hätte führen können.

§ 21

Der Versuch wird nicht bestraft, wenn der Täter freiwillig und nicht infolge zufälliger Hindernisse, die sich der Ausführung der Tat oder der Erreichung des mit ihr beabsichtigten Zweckes entgegenstellen, die Ausführung aufgibt, und wenn er außerdem, sofern er eine Gefahr verursacht hat oder glaubt, daß er eine Gefahr für die Vollendung der Tat geschaffen hat, die Vollendung verhindert oder Handlungen vornimmt, die die Vollendung verhindert haben würden, wenn diese nicht ohne sein Wissen mißglückt oder auf andere Weise abgewendet worden wäre.

§ 22

Als Täter wird nach der Strafordnung des Gesetzes bestraft, wer einem anderen durch Worte, Taten, Überzeugungslist oder Aufmunterung Hilfe leistet oder auf andere Weise daran teilnimmt, daß eine nach diesem Gesetz verbrecherische Tat begangen wird.

Ist die Mittäterschaft eines Mittäters an der Tat gering oder darauf gerichtet, ein vorher geplantes Vorhaben eines anderen zu unterstützen, oder wird die Tat nicht vollführt oder ist die geplante Teilnahme mißglückt, so darf der Täter zu einer milderen Strafe als die, die für die Tat als solche vorgesehen ist, verurteilt werden.

Liegt ein Umstand nach Abs. 2 vor oder hat ein Mensch aus Fahrlässigkeit an einer Tat teilgenommen, so darf er, wenn die Tat einer Strafbestimmung unterliegt, die keine strengere Strafe als Haft vorsieht, zu einer viel milderen Strafe verurteilt werden.

Ist eine Tat vollführt worden, so ist derjenige, der dem Täter selbst oder anderen Hilfe leistet, um den durch die Tat enstandenen gesetzlosen Zustand aufrechtzuerhalten, oder wenn er selbst davon einen Vorteil genießt, nach den Bestimmungen dieses Paragraphen zu bestrafen, sofern nicht andere Gesetze auf seine Tat anzuwenden sind.

§ 23

Der Mittäter wird nicht bestraft, wenn er auf die Weise, wie im § 21, die Tat verhindert oder das Notwendige tut, was die Tat verhindert hätte, wenn deren Vollendung nicht schon anderswie ohne sein Wissen verhindert worden, mißlungen oder undurchführbar wäre.

IV. KAPITEL

Anklagebestimmungen

§ 24

Jede strafbare Handlung ist öffentlich zu verfolgen, insoweit das Gesetz nichts anderes vorsieht.

§ 25

Dem Verletzten steht es allein zu, eine Privatklage zu erheben oder einen Antrag auf öffentliche Klage zu stellen, wenn die Tat nicht öffentlich zu verfolgen oder nur auf Antrag des Verletzten öffentlich zu verfolgen ist.

Ist der Verletzte unmündig, so tritt sein gesetzlicher Vormund an seine Stelle. Wenn nötig, kann ein besonderer Vormund zu diesem Zweck ernannt werden.

Ist der Verletzte verstorben oder ist eine gegen einen Verstorbenen gerichtete Tat strafbar, so steht das Recht zur Privatklage oder zum Antrag einer öffentlichen Klage dem Ehemann oder der Ehefrau, den Eltern, den Kindern, den Adoptivkindern oder den Geschwistern des Verstorbenen zu.

§ 26

Ist eine Tat nur auf Antrag des Verletzten durch öffentliche Klage verfolgbar, so sind öffentliche Untersuchungen erst nachdem der Antrag gestellt worden ist, erlaubt.

Sind mehr als einer durch dieselbe Tat verletzt worden, so genügt es, wenn einer von ihnen den Antrag stellt; wenn die Tat nicht öffentlich zu verfolgen ist, steht jedem Einzelnen eine Privatklage zu.

Die Anklagebehörde bestimmt, ob ein öffentlicher Prozeß angefangen wird, wenn nach Abs. 2 und 3 mehrere Antragsberechtigte vorhanden sind, die sich nicht einigen können, ob sie den Prozeß anstrengen sollen.

§ 27

Einem Antrag auf öffentliche Klage, der einen Mitschuldigen von der Verfolgung ausschließt, wird nicht stattgegeben, es sei denn, daß die Anklagebehörde die Ausschließung billigt.

Wenn, nachdem der Antrag auf Klage gestellt wird, mehrere als früher bekannt für schuldig befunden werden, so ist der Kläger zu fragen, ob diese zu bestrafen sind.

§ 28

Tritt der Verletzte von seinem Recht auf Anklage oder Prozeß zurück oder zieht er den Antrag zurück, bevor das Urteil 1. Instanz erlassen ist, so fällt die Strafvoraussetzung fort, wenn ein Strafurteil nur auf Grund einer Privatklage zu fällen ist.

Ist die Tat nur auf Antrag des Verletzten öffentlich zu verfolgen, so wird die Verfolgung eingestellt, wenn derjenige, von dessen Antrag die öffentliche Klage abhängt, den Antrag zurückzieht oder auf andere Weise die Strafe vor der Klageerhebung erläßt. Widerruft er die Klage, bevor das Urteil des Bezirksgerichtes erlassen ist, so entfällt die Klage, es sei denn, daß die Anklagebehörde der Auffassung ist, daß das öffentliche Interesse die Fortsetzung gebietet.

Wenn einmal der Antrag auf eine Klage zurückgezogen ist, so kann er nur mit Zustimmung der Anklagebehörde wieder gestellt werden.

§ 29

Das Recht zur Privatklage oder zum Antrag auf öffentliche Klage erlischt, wenn nicht binnen 6 Monaten, nachdem der Berechtigte Kenntnis von dem Täter erlangt hat, die Klage erhoben oder der Antrag gestellt ist. Das Recht zur Erhebung der Privatklage oder zum Antrag auf öffentliche Klage erlischt ferner mit Ablauf von 3 Monaten seit dem Tode des Verletzten, wenn der Verletzte vor dem Ablauf der Frist stirbt. Sind mehrere Schuldige vorhanden und ist das Recht auf öffentliche Anklage gegen einen von ihnen erloschen, so ist der Antrag auf öffentliche Anklage nur mit Zustimmung der Anklagebehörde anzuerkennen.

Führt ein Privatklageverfahren nicht zu einem Ausspruch über die Strafe, so kann das Verfahren wieder aufgenommen werden, bis die obgenannten 6 Monate vergangen sind. Ein Antrag auf Klage oder ein Verfahren können die nächsten 3 Monate, nachdem sie erloschen, wiederaufgenommen werden.

§ 30[1]

Über die Befugnis des Justizministers, eine Klage bedingt auszusetzen sowie zu bestimmen, daß von einer Verfolgung abgesehen wird, gelten die Bestimmungen des § 56 dieses Gesetzes wie auch der § 24 des Gesetzes über das öffentliche Prozeßverfahren Nr. 27 vom 27. März 1951.

V. KAPITEL

Über die Strafen

§ 31

Strafen nach diesem Gesetze sind Freiheits- und Geldstrafen.

§ 32

Freiheitsstrafen sind zweierlei: Gefängnis und Haft.

Eine Freiheitsstrafe ist nach Tagen, Monaten und Jahren zu bemessen. Ein Tag zählt volle 24 Stunden, ein Monat einen Kalendermonat. Der Gefangene ist in der Tageszeit, in der die Aufnahme erfolgte, zu entlassen.

§ 33

Die Freiheitsstrafe ist in einer besonderen, dazu bestimmten Anstalt nach dem Reglement[2]) zu verbüßen.

§ 34

Gefängnis wird lebenslänglich oder auf Zeit verhängt, nicht unter 30 Tagen und nicht über 16 Jahre.

Sieht das Gesetz wegen einer Tat eine Gefängnisstrafe vor, so ist damit zeitbegrenzt gemeint, soweit nichts anderes bestimmt ist.

§ 35

Kürzere Gefängnisstrafen sind in der Regel in Einzelhaft, längere in Gemeinschaft zu verbringen. Am Anfang und am Ende der Strafzeit können Gefangene jeder Zeit in Einzelhaft gehalten werden.

§ 36

Wird die Strafe in Einzelhaft vollzogen, so ist der Gefangene sowohl bei Tage, wie bei Nacht abgesondert zu halten. Beim Unterricht, bei Vorträgen, Leibesübungen, beim Rundfunkhören, Gottesdienst und während des Ausganges kann aber von der Absonderung abgesehen werden. Ferner kann auch sonst von der Absonderung einzelner Gefangener abgesehen werden, wo dies wegen des Alters oder des Gesundheitszustandes des Gefangenen oder aus anderen Gründen wünschenswert erscheint.

Wird die Strafe in Gemeinschaft vollzogen, so ist der Gefangene, wenn seine Gesundheit es erlaubt, nachts abgesondert zu halten. Ferner kann der Gefangene während des Unterrichts, des Gottes-

---

[1]) In der Fassung des Gesetzes Nr. 22 vom 3. Mai 1955 § 1.

[2]) Gesetz Nr. 100 vom 7. Dezember 1951 § 4.

dienstes, des Ausganges und während der Mahlzeiten abgesondert gehalten werden, wenn dafür besondere Gründe sprechen.

§ 37

Die Gefangenen sind verpflichtet, die Arbeiten auszuführen, die ihnen auferlegt werden. In einem Reglement[1]) ist über die Arbeit und über den Arbeitsverdienst der Gefangenen eine Regelung zu treffen. Der Arbeitsverdienst kann zum Ersatz von Schäden oder Auslagen verwendet werden, für die der Gefangene während des Gefängnisaufenthaltes verantwortlich wird.

Arbeit im Freien außerhalb des Anstaltsgebietes kann nach näherer Bestimmung der Anstaltsleitung unter sicherer Aufsicht der Anstalt vor sich gehen.

§ 38

Die Gefangenen sind nach dazu zu erlassendem Reglement zu verpflegen und zu versorgen, welches genauestens zu befolgen ist. Die Gefangenen dürfen sich nichts beschaffen oder annehmen, was danach nicht zulässig ist.

Auf Vorschlag des Anstaltarztes kann die Anstaltleitung jedoch bestimmen, daß durch Alter, Krankheit oder durch andere Gründe geschwächte Gefangene, die besondere Pflege brauchen, eine Zeitlang besonderes Essen und besondere Versorgung erhalten.

§ 39

Gefangene, die durch Trunksucht oder andere Rauschgifte geschwächt sind, können während der Strafzeit zeitweilig oder für den Rest ihrer Strafzeit in eine Heilanstalt gebracht werden, wenn nach der Meinung der Anstaltleitung und des Anstaltarztes anzunehmen ist, daß dieses besser und erfolgversprechender ist.

§ 40

Wenn zwei Drittel der Strafzeit, mindestens aber 8 Monate verbüßt sind, kann der Justizminister auf Vorschlag der Anstaltsleitung entscheiden, ob der Gefangene probeweise zu entlassen ist.

Die Entlassung ist davon abhängig, daß der Gefangene sich allem Anschein nach gebessert hat, sowie daß eine zweckmäßige Unterbringung und eine geeignete Arbeit oder Versorgung für den zu Entlassenden gesichert ist, und er erklärt, sich den mit der Entlassung evtl. verbundenen Bedingungen unterwerfen zu wollen.

Bei der Entlassung auf Probe ist der Betreffende der Schutzaufsicht einer für solche Zwecke arbeitenden Institution oder einer dazu geeigneten und bereiten Person zu unterstellen. Mit der Entlassung ist die Bedingung verbunden, daß der Gefangene ein geordnetes Leben führt, sich keiner strafbaren Handlung schuldig macht und die ihm von dem Aufsichtsführenden gegebenen Weisungen befolgt.

---

[1]) Gesetz Nr. 100 vom 7. Dezember 1951 § 4.

Der Aufsichtsführende berichtet auf Anordnung des Polizeidirektors der Polizei über die Verhältnisse des Gefangenen.

§ 41

Bei der probeweisen Entlassung erhält der Gefangene einen Paß, der die mit der Entlassung verbundenen Bedingungen enthält. Darin ist darauf hinzuweisen, daß wenn er diese nicht innehält, er wieder eingeliefert wird. Geschieht dieses, so ist der nicht verbüßte Teil der Strafe so wie eine neue Strafe zu vollziehen. Ist der probeweise entlassene Gefangene nach der Entlassung zu einer Strafe gleicher Art verurteilt worden, so ist sie mit dieser zusammenzurechnen; ist aber die später erkannte Strafe Haft, so wandelt der Justizminister diese Strafe nach dem in § 79 bestimmten Maßstab in Gefängnis um.

§ 42

Die Dauer der Probezeit endigt mit dem Ablauf der noch nicht verbüßten Strafzeit, beträgt aber mindestens 2 Jahre.

Ist beim Ablauf der Probezeit keine Bestimmung über die Wiederaufnahme ergangen, so gilt die Strafe mit diesem Zeitpunkt als verbüßt.

§ 43

Durch Reglement[1]) kann bestimmt werden, daß Gefangene, die vor Vollendung des 22. Lebensjahres zu Gefängnis verurteilt wurden, ihre Strafe in einer besonderen Anstalt oder Anstaltsabteilung verbüßen und daß sie eine andere Behandlung als andere Gefangene erhalten. Es ist dann besonders auf die geistige und körperliche Entwicklung der Gefangenen durch Unterricht, Leibesübungen und angebrachte Arbeiten im Freien, sowie auf ihre Ausbildung zu einem Beruf, der ihnen nach ihrer Entlassung nützen wird, Gewicht zu legen.

Der Justizminister kann jedoch auf Vorschlag der Anstaltleitung bestimmen, daß einzelne Gefangene, die im obengenannten Alter verurteilt sind, die sonst übliche Gefangenenbehandlung erhalten sollen.

§ 44

Haft wird, soweit im Gesetz nichts anderes bestimmt ist, für einen Zeitraum von mindest 5 Tagen und höchstens 2 Jahren verhängt.

Die Strafe wird in Einzelhaft mit den Ausnahmen verbüßt, die die Rücksicht auf das Alter oder den Gesundheitszustand des Gefangenen erfordert. Gefangene, die zu Haft verurteilt sind, können die Strafe ganz oder zum Teil in Gemeinschaft verbüßen. Die Gefangenen dürfen nicht mit solchen Gefangenen zusammengebracht werden, die eine Gefängnisstrafe verbüßen.

Die Verpflegung der Haftgefangenen ist nicht auf die übliche Gefangenenkost beschränkt. Innerhalb der durch die Ordnung und Sicherheit im Gefängnis gezogenen Grenzen haben die Gefangenen das Recht, sich selbst Verpflegung, Möbel, Bücher und andere zum

---

[1]) Gesetz Nr. 100 vom 7. Dezember 1951 § 4.

persönlichen Gebrauch notwendigen Dinge zu beschaffen oder anzunehmen.

Die Haftgefangenen sind berechtigt, sich selbst eine Arbeit zu beschaffen, die mit der Sicherheit und Ordnung im Gefängnis vereinbar ist. Der Arbeitserlös steht dem Gefangenen zu. Beschafft sich der Gefangene keine Arbeit, der die Anstaltsleitung zustimmt, so ist er verpflichtet, eine unter Berücksichtigung seines früheren Berufes und Könnens ihm von der Anstaltleitung auferlegte, geeignete Arbeit auszuführen. Meinungsverschiedenheiten zwischen der Anstaltleitung und den Gefangenen, die über die Arbeit nach diesem § entstehen, können dem Justizminister zur Entscheidung vorgelegt werden.

Ist für eine Straftat nur Haft vorgesehen oder wäre für die betr. Tat höchstens auf Haft zu erkennen, so kann der Gefangene, wenn anzunehmen ist, daß er zur gemeinschaftlichen Behandlung mit anderen Gefangenen in Haft ungeeignet ist, zu einer Gefängnisstrafe für die gleiche Zeit verurteilt werden. Dementsprechend kann auf eine kürzere Gefängnisstrafe als im § 34 vorgesehen erkannt werden.

§ 45

Die Gefangenen dürfen nicht mit gesundheitsschädlichen Arbeiten beschäftigt werden. Sie sind gegen die Folgen von Unglücksfällen, nach den Versicherungsbestimmungen und näheren Vorschriften durch Reglement[1]) zu sichern.

§ 46

Die Zeit, während der ein Gefangener im Krankenhaus untergebracht ist, wird in die Strafzeit eingerechnet, es sei denn, daß die Unterbringung seinem eigenen Verhalten während der Strafverbüßung zuzuschreiben ist.

In die Strafzeit wird die Zeit nicht eingerechnet, während der ein Gefangener in der Strafzelle untergebracht ist, vgl. § 47, oder die Zeit, die verstreicht, bis ein entwichener Gefangener wieder eingeliefert wird.

§ 47

Gegen Gefangene, die eine Strafe verbüßen, sind Disziplinarstrafen nach durch Reglement[1]) zu treffenden Bestimmungen zu verhängen. Folgende Disziplinarstrafen sind zu verhängen:

1. Entziehung von Vergünstigungen, die nach den Reglements der Anstalt den Gefangenen zustehen, die sich gut führen.
2. Entziehung des Arbeitsverdienstes.
3. Unterbringung in eine Strafzelle bis zu 60 Tagen bei Gefangenen, die Haft verbüßen, jedoch bei Gefangenen, die Gefängnis verbüßen, bis zu 90 Tagen.
4. Ferner Entziehung des Rechts der Haftgefangenen zur Annahme anderer Verpflegung als sie das Reglement vorsieht. Mehrere Disziplinarstrafen können nebeneinander verhängt werden.

---

[1]) Gesetz Nr. 100 vom 7. Dezember 1951 § 4.

Die durch die Unterbringung in eine Strafzelle verursachte Verlängerung der erkannten Strafzeit darf nur mit Genehmigung des Justizministers ein Drittel und in keinem Falle mehr als die Hälfte der verhängten Strafzeit übersteigen.

§ 48

Die notwendigen Sicherungsmittel können angewandt werden, um drohende Gewalt abzuwenden, gewaltsamen Widerstand zu brechen oder einem Entweichen vorzubeugen. Zu dem Zwecke können in dem dadurch gebotenen Umfang angewandt werden: Zwangsjacken, Fesseln und Unterbringung in einer Sicherungszelle. Die Unterbringung in einer Sicherungszelle für mehr als 1 Monat bedarf der Genehmigung des Justizministers.

§ 49

Eine Geldstrafe fällt an die Staatskasse, wenn gesetzlich nichts anderes bestimmt ist.

Eine Geldstrafe kann unter besonderen Umständen bei Straftaten, die dem Täter Gewinn gebracht haben, als Zusatzstrafe zu einer vorgesehenen Gefängnisstrafe verhängt werden.

§ 50

Die Geldstrafe kann nicht auf einen geringeren Betrag als 4 Kronen und nicht höher als 30 000 Kronen festgesetzt werden, es sei denn, es gibt dafür eine gesetzliche Befugnis, Geldstrafen höher oder niedriger zu bestimmen.

§ 51

Bei Festsetzung der Geldstrafe ist auf die Vermögensverhältnisse der Verurteilten, einschließlich andere Umstände, die die Strafbarkeit beeinflussen, und auf die Grenzen der Höchst- und Mindeststrafe, die für die Tat verhängt werden kann, Rücksicht zu nehmen.

Die Festsetzung einer Ersatzstrafe statt Geldstrafe, vgl. § 54, hat unabhängig von den Vermögensverhältnissen des Verurteilten zu erfolgen.

§ 52

Das Gericht bestimmt im Urteil, Vergleich oder Beschluß, eine Frist zur Bezahlung der Geldstrafe bis zu 6 Monaten.

Die Polizeidirektoren treiben die Bezahlung der Strafe ein. Ratenweise Bezahlung kann von ihnen bewilligt werden.

Ist eine Geldstrafe nicht zur festgesetzten Zeit bezahlt, so ist sie oder der Restbetrag wenn möglich durch Pfändung einzutreiben, es sei denn, daß nach Ansicht des Polizeidirektors die Lebensbedingungen des Verurteilten, oder die der Leute, die er ernährt, empfindlich beeinträchtigt würden.

Ansonsten verlangt der Polizeidirektor Pfändung und läßt die wirtschaftlichen Verhältnisse des Verurteilten durch das Gericht abschätzen.

Eine Geldstrafe kann nicht ohne besondere gesetzliche Bestimmungen gegen den Nachlaß des Verurteilten geltend gemacht oder von einem anderen als dem Verurteilten eingetrieben werden.

§ 53

Geht eine Geldstrafe nicht ein, so tritt an ihre Stelle Haft oder Gefängnis.

§ 54

Das Gericht bestimmt im Urteil, Beschluß oder Vergleich, in dem die Geldstrafe festgelegt ist, ob sie in Haft oder Gefängnis und wie lange sie zu verbüßen ist. Auf Gefängnis ist besonders dann zu erkennen, wenn anzunehmen ist, daß es unvorteilhaft ist, wenn der Verurteilte mit Gefangenen in Haft in Gemeinschaft lebt. Die Abbüßung von Geldstrafe kann nicht auf weniger als 2 Tage und nicht auf mehr als 1 Jahr bemessen werden.

Ist eine Geldstrafe in Verbindung mit einer Freiheitsstrafe verhängt worden, so ist die Ersatzstrafe in der gleichen Strafart wie die Hauptstrafe festzusetzen.

Ist ein Teil der Geldstrafe bezahlt, so bestimmt die Vollzugsbehörde des Strafurteils eine verhältnismäßige Herabsetzung der Strafzeit, jedoch mit der Maßgabe, daß die Ersatzstrafe nicht unter die obengenannte Mindestzeit herabgesetzt werden kann und daß die Summe der Geldstrafe, die einem Teil eines Tages entspricht, mit einem vollen Tag abgebüßt wird.

§ 55

Eine Geldstrafe und andere Verpflichtungen, die gesetzmäßig abzubüßen sind und die auf andere Weise als im § 54 erwähnt festgesetzt sind, sind nach den Vorschriften über die Haft- und Gefängnisstrafe zu verbüßen. Die Behörde, die die Geldstrafe oder die Buße bestimmt, legt zugleich die Haftzeit fest. Dieser Beschluß kann jedoch dem Obersten Gericht nach den Regeln über die Berufung in öffentlichen Prozessen vorgelegt werden.

Tagesstrafen sind in Haft zu verbüßen. Der Vogt bestimmt die Haftzeit. Der Beschluß kann nach den Regeln über öffentliche Prozesse angefochten werden.

Bei Geldstrafen nach diesem § ist auf die Mindest- und Höchstbuße nach § 54, wie auch auf Ziffer 3 desselben § zu achten.

VI. KAPITEL

Über bedingte Aussetzung der Anklage und bedingte Urteile[1])

§ 56

Hat jemand seine Tat eingestanden, so ist der Justizminister berechtigt, deswegen die Anklage über einen festgesetzten Zeitraum auszusetzen, und zwar wie folgt:

---

[1]) Kapitel VI (§§ 56—61) wird hier in der Fassung des Ges. Nr. 22 vom 3. Mai 1955 §§ 2—8 gedruckt.

1. Wegen von Jugendlichen im Alter von 15—21 Jahren begangener Taten.
2. Sofern die Verhältnisse des Schuldigen so sind, daß Fürsorge oder andere Maßnahmen nach § 57 Abs. 3 erfolgversprechender als Strafe erscheinen, es sei denn, daß die Tat solcher Art ist, daß das allgemeine Wohl die Verfolgung verlangt.

Die bedingte Zeit darf nicht weniger als 1 Jahr und nicht mehr als 5 Jahre betragen. In der Regel ist sie auf 2—3 Jahre festzusetzen. Der Minister bestimmt jederzeit den Beginn der Aussetzung.

Wird eine Klage ausgesetzt, so können die Bedingungen des § 57 Abs. 3, wie es für richtig gehalten wird, daran geknüpft werden. Diese Bedingungen können während der Probezeit geändert werden, jedoch kann deshalb die Frist nicht mehr als 5 Jahre im ganzen verlängert werden.

Die Sache des Beklagten kann wiederaufgenommen werden, wird vor dem Ablauf der Probezeit wegen einer erneuten Straftat während der Probezeit oder wegen einer vor der Aussetzung der Sache begangenen Tat eine gerichtliche Untersuchung begonnen, sowie auch, wenn er den ihm gesetzten Bedingungen grob zuwiderhandelt.

Ist der Untersuchungsrichter der Meinung, daß gemäß diesem § eine Anklage ausgesetzt werden kann, so soll er dem Justizminister die Sache mit eigenen Vorschlägen vorlegen.

Wird gemäß den Bestimmungen dieses § eine Anklage ausgesetzt, so soll der Justizminister den Schuldigen genauestens mit den Bedingungen vertraut machen sowie auch die Folgen einer Zuwiderhandlung erklären.

§ 57

Im Urteil kann bestimmt werden, daß folgendes eine bestimmte Zeit unter Bedingungen ausgesetzt wird:
a) Die Strafentscheidung,
b) der Vollzug der Strafe.

Die Bewährungszeit kann nicht kürzer als 1 Jahr und nicht länger als 5 Jahre sein. Meistens ist diese auf 2—3 Jahre festzusetzen. Der Beginn der Bewährungszeit ist jedesmal im Urteil festzulegen.

An die Aussetzung ist die Bedingung zu knüpfen, vgl. § 60, daß sich der Verurteilte während der Bewährungszeit keiner erneuten Übertretung schuldig macht. An die Aussetzung können auch folgende Bedingungen geknüpft werden:

1. Die Unterbringung des Verurteilten unter die Aufsicht einer Person, einer Gesellschaft oder Anstalt. Sind die Bedingungen wie die unter den folgenden Abs. 2—5, so ist der Verurteilte immer unter einer solchen Aufsicht unterzubringen.
2. Der Verurteilte soll den Anordnungen des Aufsehers über Aufenthaltsorte, Ausbildung, Arbeit, Umgang mit anderen Personen wie auch über Verwendung der Freizeit gehorchen.

3. Daß der Verurteilte während der Bewährungszeit weder geistige Getränke noch Rauschgift genießt.
4. Daß der Verurteilte, wenn es für nötig gehalten wird, für eine bestimmte Zeit oder bis zu 18 Monaten in die Unterbringung in einer Anstalt einwilligt, wenn er dem Alkohol oder Rauschgift entwöhnt werden muß, sonst bis zu 1 Jahr.
5. Daß der Verurteilte in die Einschränkung von Dispositionen über sein Einkommen oder sonstige finanzielle Angelegenheiten einwilligt.
6. Daß der Verurteilte nach Möglichkeit den von ihm verursachten Verlust ersetzt.

Besteht die Befugnis, den Täter außer zu Haftstrafe auch zu Geldstrafe zu verurteilen, so kann er, obwohl der Beschluß über die Gefängnisstrafe oder der Vollzug eines Urteils der Gefängnisstrafe ausgesetzt wird, zu Geldstrafe verurteilt werden.

Der Richter erklärt dem Verurteilten ausführlich die Bedingungen wie auch die Folgen der Nichtinnehaltung der Bedingungen.

§ 58

Wird als Bedingung die Aufsicht einer Person beschlossen, so bestimmt der Justizminister den Aufseher. Der Justizminister kann auf eigene Anregung oder auf Antrag des Verurteilten die nach § 57 Abs. 3 Ziff. 2,5 und 6 festgesetzten Vorschriften des Aufsehers ändern.

Ist dem Verurteilten gemäß dem § 57 Abs. 3,4 der Aufenthalt in einer Anstalt als Bedingung auferlegt worden, so kann der Justizminister wegen veränderter Umstände auf Vorschlag des Anstaltsleiters die Bedingung ganz oder zum Teil annullieren.

§ 59

Hält der Verurteilte in wichtigen Punkten die ihm gemäß § 57 Abs. 3 Ziff. 1—6 auferlegten Bedingungen oder Gebote nicht inne, so kann der Justizminister, sofern die Bewährungszeit vor Wiederaufnahme des Gerichtsverfahrens nicht vergangen ist, die Wiederaufnahme der Sache fordern.

Erkennt der Verurteilte die Nichtinnehaltung der Bedingungen nicht an oder meint er, daß er durch Umstände, für die er nicht als verantwortlich angesehen werden kann, die Bedingungen nicht innehalten konnte, so kann er deswegen die Entscheidung des Richters verlangen. Eine Entscheidung nach diesem Absatz kann auf Antrag des Justizministers oder des Verurteilten angefochten werden.

Bei Nichtinnehaltung der Bedingungen kann der Richter durch sein Urteil nach den Umständen oder mit geänderten Bedingungen die Aufrechterhaltung der Aussetzung beschließen; für die Dauer der Aussetzung ist jedoch die Maximalzeit gemäß § 57 Abs. 2 zu beachten. Der Justizminister kann gegen diesen Beschluß Berufung einlegen.

Ist eine Strafe nicht festgesetzt worden, so kann der Richter die Strafe bedingt oder unbedingt festsetzen.

Ist die Strafe vorher schon im Urteil festgelegt worden, so bestimmt der Richter, ist keine Aussetzung gemäß Abs. 3 dieses § festgelegt worden, den Vollzug der Strafe.

§ 60

Beginnt während der Bewährungszeit eine gerichtliche Untersuchung wegen einer erneuten Straftat des Verurteilten, so kann das Gericht dafür auf eine besondere unbedingte Strafe erkennen, wobei aber das bedingte Urteil bestehen bleibt. Dies geschieht hauptsächlich dann, wenn die erneute Straftat nicht mutwillig begangen worden ist oder nur mit Geldstrafe zu bestrafen ist. Sonst faßt der Richter die beiden Sachen zusammen und urteilt, als handele es sich um eine Sache. Dieses Urteil kann bedingt sein. Wird dann auf Strafe erkannt, so ist sie unter Beachtung der Bestimmungen des § 77 festzulegen, sofern die erneute Straftat nach dem Gerichtsbeschluß des Amtsgerichtes in der ersten Sache begangen ist, sonst nach den Bestimmungen des § 78, sofern die neue Straftat vorher begangen worden ist.

§ 61

Wird nicht auf Strafe erkannt oder fällt die Strafe wegen der Bestimmungen dieses Kapitels fort, so kann das Urteil keine Rückfallswirkung haben.

Ein bedingtes Urteil hat nicht den Verlust der Rechte gemäß § 68 Abs. 3 zur Folge.

VII. KAPITEL

Maßregeln der Sicherheit, Verlust der bürgerlichen Rechte und Einziehung von Eigentum

§ 62

Wird ein Angeklagter nach § 15 freigesprochen oder nimmt das Gericht an, daß eine Strafe nach § 16 erfolglos sein wird, so kann das Gericht, wenn es aus Gründen der Rechtssicherheit die Anordnung anderer Maßregeln für erforderlich hält, eine dahingehende Bestimmung treffen, so daß er die allgemeine Sicherheit nicht gefährdet. Ist von weniger eingreifenden Maßnahmen, wie Sicherheitsleistung, Verbot des Aufenthaltes an bestimmten Orten oder Entmündigung keine Sicherheit zu erwarten, so kann bestimmt werden, den Betreffenden in einer dazu geeigneten Anstalt unterzubringen. Das Oberste Gericht bestimmt einen Aufseher, der aufpaßt, daß sein Aufenthalt in der Anstalt nicht länger wird als erforderlich. Gegebenenfalls kann der Justizminister die Entscheidung des Bezirksgerichtes, in dessen Bezirk die Anstalt liegt, darüber anfordern, ob die getroffene Entscheidung nach ärztlichem Gutachten noch für erforderlich anzusehen ist.

Der Aufseher kann nach Ablauf eines Jahres seit dem Urteil oder dem letzten Urteil einen Antrag stellen, bei Zustimmung des Justizministers auch früher, daß die Sache erneut einem vorhergenannten

Gericht vorgelegt wird, dessen Entscheidung nach den Regeln über die Berufung in öffentlichen Prozessen angefochten werden kann.

§ 63

Ist jemand nach Begehung einer strafbaren Handlung, aber vor der Aburteilung in einen nicht nur vorübergehenden Zustand der im § 15 oder § 16 bezeichneten Art geraten, so entscheidet das Gericht, ob auf Strafe zu erkennen ist oder ob diese fortfallen soll.

Das Gericht kann im Urteil bestimmen, wenn die Bedingungen gem. § 62 vorhanden sind, daß Maßregeln nach dem § anstelle von Strafe oder bis zu dem Zeitpunkt anzuwenden sind, in dem der Vollzug der Strafe möglich wird.

§ 64

Wird jemand wegen einer unter der Einwirkung geistiger Getränke begangenen Straftat zu einer Freiheitsstrafe verurteilt, so kann dem Verurteilten im Urteil auferlegt werden, entsprechend § 123 Abs. 2 keine geistigen Getränke zu kaufen oder zu sich zu nehmen, und zwar innerhalb eines bestimmten Zeitraumes, jedoch höchstens bis zu 5 Jahren seit seiner endgültigen Entlassung. Eine entsprechende Auflage kann gemacht werden, wenn der Betreffende nach § 17 freigesprochen wird, falls sonst eine Freiheitsstrafe verwirkt wäre. Hat sich jemand innerhalb 2 Jahren zweimal oder öfters einer strafbaren Tat unter Einfluß geistiger Getränke schuldig gemacht, so kann dem Betreffenden eine solche Auflage auch auferlegt werden, obwohl die Straftaten geringer sind als obengenannt.

Wer in Kenntnis dieser Auflagen dem Verurteilten Wein oder andere geistige Getränke verkauft, gibt oder ausschenkt, ist nach § 123 Abs. 3 zu bestrafen. Der betreffende Polizeidirektor gibt den Weinhändlern und Gastwirtschaften diese Vorschriften bekannt.

§ 65

Ergibt sich aus einem ärztlichen Gutachten und den sonstigen Umständen des Falles, daß ein Angeklagter nach der in § 64 Abs. 1 oder § 123 Abs. 1 oder 2 bezeichneten Art dem Trunk ergeben ist, so kann im Urteil bestimmt werden, daß er nach Verbüßung der Strafe, bei bedingter Verurteilung sofort, in einer entsprechenden Heilanstalt unterzubringen sei. Der längste Zeitraum für die Unterbringung ist im Urteil auf 18 Monate, im Wiederholungsfall auf 3 Jahre zu bemessen. Ist der so Untergebrachte vor Ablauf der festgesetzten Frist als geheilt anzusehen, so entscheidet der Justizminister auf Vorschlag der Anstaltsleitung und des betreffenden Arztes, ob die Unterbringung zu beenden ist.

§ 66

Bedroht jemand einen anderen oder droht er mit Totschlag, Brandstiftung oder anderem Unheil, so kann, wenn Strafe entweder ausgeschlossen ist oder keine ausreichende Sicherheit erwarten läßt, in einem von der Anklagebehörde auf Antrag des Bedrohten oder, wenn das öffentliche Interesse es erfordert, ohne einen solchen Antrag einzuleitenden Verfahren durch Urteil beschlossen werden, ob diejenigen Maßnahmen vorzunehmen sind, die das Gericht für erforderlich hält, um Sicherheit dafür zu schaffen, daß die Ausführung der Drohung unterbleibt; erforderlichenfalls kann angeordnet werden, daß der Bedroher eine Gewähr leisten soll oder daß er in Sicherungsverwahrung zu nehmen ist. Die Maßregeln können vom Gericht aufgehoben werden, wenn ihre Aufrechterhaltung durch geänderten Umstand nicht mehr für erforderlich anzusehen ist.

Auf Wunsch der Anklagebehörde kann die Sache erneut dem Gericht vorgelegt werden. Auf Antrag des Verurteilten ist die Sache, wenn seit dem Urteil oder einem späteren Gerichtsbeschluß 6 Monate vergangen sind und mit Zustimmung der Anklagebehörde noch früher, erneut bei dem Gericht einzubringen.

Der Gerichtsbeschluß wird nach Regeln über Berufung in öffentlichen Klagesachen angefochten.

§ 67

Wird jemand zu einer schwereren Freiheitsstrafe als Haft verurteilt und ist nach den Umständen seiner Tat oder seinem geistigen Zustand wie auch nach seinem Verhalten anzunehmen, daß er gewohnheitsmäßig oder als Ausübung einer Tätigkeit strafbare Taten begeht und daher seiner Umgebung gefährlich sein kann, so kann im Strafurteil oder in einer später von der Anklagebehörde angestrengten Sache beschlossen werden, daß Sicherheitsmaßnahmen nach § 66 nach Beendigung der Verbüßung angewandt werden sollen. Nach den Regeln des § 66 können solche Maßregeln aufgehoben werden.

§ 68

Begeht jemand eine strafbare Tat, der eine Tätigkeit ausübt, für die eine besondere behördliche Ermächtigung oder Genehmigung, Anerkennung oder Prüfung erforderlich ist, so kann durch Urteil in öffentlicher Klage das Recht zur Ausübung der betreffenden Tätigkeit aberkannt werden, wenn er deren nicht mehr würdig oder fähig anzusehen ist. Betrifft die Handlung die Ausübung einer vorhergenannten Tätigkeit, die der Angeklagte nicht berechtigt war auszuüben, so kann durch Urteil beschlossen werden, daß ihm das Recht der späteren Ausübung aberkannt wird.

Die obengenannte Aberkennung erfolgt für einen Zeitraum von mindestens 6 Monaten bis zu 5 Jahren oder lebenslänglich.

Wenn auf Grund der Tat anzunehmen ist, daß der Täter keinen guten Ruf mehr hat, so ist ihm durch ein Strafurteil das aktive und passive Wahlrecht zu öffentlichen Ämtern und bei anderen öffentlichen Wahlen abzuerkennen.

Besondere Bestimmungen der Gesetze über die Aberkennung der Rechte, die im Abs. 1 erwähnt sind, behalten ihre Gültigkeit.

Die Aberkennung zählt von der Zeit, die im Urteil bestimmt ist.

Hat jemand nach den §§ 84 und 85 die Wiederverleihung von Ehren und Rechten erhalten, ist die betreffende Behörde berechtigt, dem Betreffenden den Gewerbeschein oder andere Befugnisse zur Tätigkeit nach Abs. 1 zu verweigern, wenn anzunehmen ist, daß dies wegen der allgemeinen Sicherheit notwendig ist. Der Beschluß der Behörde kann dem Obersten Gericht nach den Regeln über die Berufung in öffentlichen Klagesachen zur Entscheidung vorgelegt werden.

§ 69

Durch Urteil können eingezogen werden:

1. Gegenstände, die durch eine strafbare Handlung hervorgebracht oder zur Begehung einer vorsätzlichen Tat gebraucht oder bestimmt sind, es sei denn, sie gehören jemandem, der für die Tat nicht verantwortlich ist.
2. Gegenstände, von denen anzunehmen ist, daß sie zu einem verbrecherischen Zweck bestimmt sind, wenn ihre Einziehung aus Gründen der Rechtssicherheit erforderlich erscheint.
3. Der durch eine strafbare Handlung erzielte Gewinn, soweit niemand einen Rechtsanspruch darauf hat, oder ein entsprechender Geldbetrag.

Der Anspruch auf das Eingezogene steht dem Staate zu, wenn das Gesetz nichts anderes bestimmt. Ist jemand durch die strafbare Handlung geschädigt worden und ist nicht auf andere Weise Ersatz zu erlangen, so geht sein Anspruch vor.

Wird ein Verein durch Urteil aufgelöst, so ist das Vereinsvermögen zugunsten der Staatskasse einzuziehen und das Vereinsarchiv nebst den Protokollen usw. in amtliche Verwahrung zu nehmen.

VIII. KAPITEL

Bei der Strafzumessung bedeutsame Umstände

§ 70

Bei der Strafzumessung sind folgende Punkte besonders zu berücksichtigen:

1. Die Wichtigkeit des Gegenstandes, gegen den die Tat gerichtet ist.
2. Die dadurch verursachten Schäden.
3. Die Gefährdung anderer durch die Tat, besonders unter Berücksichtigung der Zeit, des Ortes und der Art der Tat.
4. Das Alter des Täters.
5. Sein Verhalten in der vergangenen Zeit.
6. Die Stärke und Bestimmtheit seines Willens.
7. Die Beweggründe der Handlung.
8. Sein Verhalten nach der Tat.

Ist die Tat von mehreren gemeinschaftlich begangen worden, so ist dies in der Regel als erschwerender Umstand anzusehen.

§ 71

Die Anwendung von Bestimmungen über Strafverschärfung oder andere Rechtsfolgen bei Rückfall (wörtl. „wenn das Gesetz Strafschärfung oder andere Rechtsfolgen bestimmt oder erlaubt“) ist davon abhängig, daß der Täter, bevor er sie erneut begangen hat, im isländischen Staat einer nach der Vollendung des 18. Lebensjahres begangenen strafbaren Handlung, der das Gesetz im Verhältnis zu der später begangenen Rückfallswirkung beilegt, oder des Versuchs oder der Teilnahme an einer solchen Tat für schuldig befunden oder dafür bestraft worden ist.

Das Gericht kann Strafurteilen, die außerhalb des isländischen Staates ergangen sind, die gleiche Rückfallswirkung wie den im Inland ergangenen beilegen.

Die Rückfallswirkung erlischt, wenn vor der Begehung der neuen strafbaren Handlung 5 Jahre verstrichen sind, seitdem die frühere Strafe verbüßt, fortgefallen oder endgültig erlassen war. Ist die frühere Strafe eine Geldstrafe, so wird die genannte Frist vom Datum des endgültigen Urteils oder der Annahme der Geldstrafe an gerechnet.

§ 72

Hat jemand eine oder mehrere Straftaten gewerbs- oder gewohnheitsmäßig begangen, so kann die Strafe, soweit nichts anderes bestimmt ist, bis um die Hälfte erhöht werden. Bei Rückfall kann sie bis auf das Doppelte erhöht werden.

§ 73

Begeht ein Gefangener, der eine Strafe verbüßt oder aus einem anderen Grunde in Gewahrsam gehalten wird, eine der in den §§ 106, 108, 126, 127, 164, 211, 217, 218, 225, 226, 233 oder 257 Abs. 2 bezeichneten Straftaten, so kann das Höchstmaß der in den genannten Bestimmungen vorgesehenen Strafe überschritten werden, aber jedoch nicht mehr als um das Doppelte. Die Strafe kann in keinem Falle auf weniger als Haft bemessen werden. Verbüßt der Gefangene eine Gefängnisstrafe oder ist er in einer Verwahrungsanstalt, so kann auf keine niedrigere Strafe als Gefängnis erkannt werden, und in den Fällen, in denen keine höhere Strafe als Haft vorgesehen ist, ist anstatt dessen auf Gefängnis für den gleichen Zeitraum zu erkennen. Es kann dann für kürzere Zeit als im § 34 vorgesehen verhängt werden.

Die Vorschrift des Abs. 1 Satz 1 findet entsprechende Anwendung, wenn die dort genannten Straftaten von einem früheren Gefangenen gegen einen Leiter oder Angestellten der betreffenden Anstalt oder gegen die Anstalt oder ihr Eigentum begangen werden, sowie wenn ein früherer Gefangener sich einer im § 111 genannten Straftat hinsichtlich eines in der betreffenden Anstalt untergebrachten Gefangenen schuldig macht.

Begeht ein zu lebenslänglichem Gefängnis Verurteilter, der nicht begnadigt ist, im Gefängnis oder außerhalb desselben eine neue Straftat, so ist im Urteil zu bestimmen, welche Strafe er verwirkt haben würde, wenn die früher erkannte Strafe nicht lebenslänglich wäre. Daneben kann auf eine Strafe gemäß § 47 erkannt werden, aber so, daß nach Ziffer 3 desselben § die Zeit verdoppelt werden kann.

§ 74

Die für eine strafbare Handlung im Gesetz vorgesehene Strafe kann bei folgenden Umständen unter das Mindestmaß herabgesetzt werden:

1. Wenn jemand die Grenzen rechtmäßiger Notwehr oder des zulässigen Notrechts überschritten hat.
2. Wenn der Täter bei Begehung der strafbaren Handlung das 18. Lebensjahr noch nicht vollendet hatte und die Anwendung der vollen Strafe des Gesetzes wegen seiner Jugend unnötig oder schädlich erscheint. Die Strafe für solche Jugendliche darf 8 Jahre Gefängnis nicht übersteigen.
3. Wenn der Täter wegen entschuldbarer Unkenntnis oder Mißverständnis rechtlicher Vorschriften, die die Vornahme der Handlung verbieten, angenommen hat, daß seine Handlung nicht rechtswidrig war.
4. Wenn die Tat in der Wut oder Erregung über einen rechtswidrigen Angriff oder eine schwere Beleidigung seitens des Verletzten begangen worden ist.
5. Wenn jemand sich durch seine Abhängigkeit von einem anderen zu der Tat hat bewegen lassen.
6. Wenn jemand sich durch Gewalt von einem anderen zu der Tat hat bewegen lassen, die Gewalt aber keine solche Stärke hat, daß sie die Tat entschuldigt.
7. Wenn der Täter nach Vollendung der strafbaren Handlung die sich aus seiner Handlung ergebende Gefahr freiwillig abgewendet hat.
8. Wenn der Täter freiwillig nach Vollendung der strafbaren Handlung den durch die Tat verursachten Schaden vollständig wiedergutgemacht hat, sowie auch wenn er bestrebt war, den durch die Tat verursachten Folgen vorzubeugen oder den Schaden möglichst wiedergutzumachen.
9. Wenn er sich freiwillig selbst anzeigt und ein volles Geständnis abgelegt hat.

In den Fällen der Ziffern 1—8 kann die Strafe ganz fortfallen.

§ 75

Ist eine strafbare Handlung unter dem Einfluß einer starken Gemütsbewegung, einer anderen vorübergehenden Störung des psychischen Gleichgewichts oder anderer besonderer Umstände begangen worden, die die Strafwürdigkeit, von der Handlungen der betreffenden Art in der Regel zeugen, so erheblich vermindern, kann die Strafe herabgesetzt werden und sogar, wenn die betreffende Strafnorm keine höhere Strafe als Haft vorsieht, ganz fortfallen. Ist die Störung des psychischen Gleichgewichts auf selbstverschuldete Trunkenheit zurückzuführen, so finden die vorstehenden Bestimmungen nur Anwendung bei mildernden Umständen und wenn der Angeklagte nicht schon einmal einer strafbaren Handlung gleicher Art oder einer Zuwiderhandlung gegen die Vorschriften des § 123 Abs. 1 oder 2 für schuldig befunden worden ist — — — — — — — —[1])

§ 76

Hat der Schuldige Untersuchungshaft erlitten, die nicht seinem eigenen Verhalten während des Verfahrens oder der Untersuchung zuzuschreiben ist, so ist im Urteil anzuordnen, daß damit ein Teil der Strafe oder diese ganz als verbüßt gilt.

§ 77

Wird jemand während des Verfahrens für die Begehung mehrerer strafbarer Taten für schuldig befunden, so ist für diese eine gemeinsame Strafe, so daß alle Straftaten vermerkt werden, festzusetzen; ist aber für die schwerste Straftat eine lebenslängliche Strafe vorgesehen, so fallen die anderen fort.

Die Strafe ist meistens innerhalb des vorgesehenen Strafrahmens oder wenn mehrere Strafarten in Frage kommen, innerhalb des strengsten Strafrahmens festzusetzen. Bei erschwerenden Umständen kann bis auf eine doppelt so schwere Strafe erkannt werden. Das Gericht kann jedoch, wenn gleichzeitig eine schwere und eine verhältnismäßig leichte Tat abgeurteilt wird, das niedrigste Maß der strengeren Strafe anwenden.

Ziehen die Straftaten Freiheitsstrafen verschiedener Art nach sich, so ist eine gemeinsame Strafe strengerer Art festzusetzen.

Wird gemeinsam für eine oder mehrere Straftaten eine Strafe festgesetzt, wovon die einen eine Freiheitsstrafe, die anderen Geldstrafe nach sich ziehen, so kann das Gericht auf eine Geldstrafe neben der Freiheitsstrafe erkennen.

§ 78

Wird ein bereits zu Strafe Verurteilter einer weiteren, vor dem Urteil begangenen strafbaren Handlung für schuldig befunden, so ist auf eine Zusatzstrafe zu erkennen, soweit die gleichzeitige Aburteilung zu einer Erhöhung der Strafe geführt haben würde, wenn alle Straftaten gleichzeitig abgeurteilt worden wären. Die Zusatzstrafe kann alsdann für kürzere Zeit als in den §§ 34 und 44 vorgesehen verhängt werden.

---

[1]) § 75, Abs. 2, fällt laut Ges. Nr. 22 vom 3. Mai 1955 § 9 fort.

Zieht die zuletzt abgeurteilte Straftat Gefängnisstrafe nach sich, während die früher erkannte Strafe in Haft bestand, so ist diese, wenn sie nicht voll verbüßt ist, von der Strafvollzugsbehörde nach dem im § 79 bestimmten Maßstab umzuwandeln.

§ 79

Ist eine für eine Straftat vorgesehene Strafe umzuwandeln, so sind 2 Tage Gefängnis gleich 3 Tagen Haft zu rechnen.

Ist eine nach dem Gesetz zulässige Erhöhung der Strafe innerhalb der für die vorgesehene Strafart gezogenen Grenzen nicht möglich, so ist die Strafe in die nächststrengere Strafart umzuwandeln. Die Grenzen der Strafe nach §§ 34 und 44 verhindern jedoch nicht, daß auf Haft bis zu 3 Jahren und Gefängnis bis zu 20 Jahren erkannt werden kann.

IX. KAPITEL

Verjährung und Wiederverleihung von Rechten und Fähigkeiten (Rehabilitation)

§ 80

Strafen verjähren nach den Regeln der §§ 81 und 82. Die strafrechtliche Verantwortung wegen der in Kapitel XIV dieses Gesetzes behandelten Straftaten verjährt jedoch nicht, wenn die verwirkte Strafe das Maß der Geldstrafe überschreitet.

§ 81

Die Verjährungsfrist der Strafbarkeit beträgt nach diesem Gesetz:

1. 2 Jahre, wenn die wegen der Straftat verschuldete Strafe Geldstrafe oder Haft bis zu 1 Jahr nicht übersteigen würde.
2. 5 Jahre, wenn die Strafe Haft von mehr als 1 Jahr oder Gefängnis bis zu 8 Monaten oder kürzer betragen würde.
3. 10 Jahre, wenn die Strafe höher sein würde, die höchste für die Tat vorgesehene Strafe aber 6 Jahre Gefängnis nicht übersteigt.
4. Ist die strafrechtliche Verantwortung für eine Straftat hiernach nicht verjährt, sind aber seit der Begehung der Tat 10 Jahre verstrichen, so entscheidet der Justizminister, ob die Tat verfolgt werden soll.

§ 82

Der Lauf der Verjährungsfrist beginnt mit dem Tage, an dem die strafbare Tätigkeit oder Unterlassung aufhörte. Ist die Strafbarkeit der Handlung aber von einem späteren Ereignis abhängig, so beginnt der Lauf der Verjährungsfrist erst mit dessen Eintritt.

Die Verjährungsfrist wird durch jede gerichtliche Untersuchung gegen den Betreffenden wegen einer Tat unterbrochen. Wird die begonnene Verfolgung für unbestimmte Zeit eingestellt, so läuft die Verjährung weiter, wie wenn keine Verfolgung stattgefunden hätte, wenn der Beschuldigte sich nicht der Verfolgung entzogen hat. Dann wird die Zeit der Verfolgung nicht in die Verjährungsfrist eingerechnet. Wird ein Verfahren, das innerhalb der festgesetzten Frist angefangen wurde, eingestellt, so kann es bis zu 3 Monaten von der Einstellung an wieder aufgenommen werden.

Ist die strafbare Handlung auf einem isländischen Schiff oder Flugzeug im Ausland begangen worden, so läuft die Verjährungsfrist erst von dem Tage an, an dem das Schiff oder das Flugzeug in einem isländischen Hafen oder an einem ausländischen Ort eintrifft, an dem ein isländischer Konsul wohnhaft ist. Bei diesem Umstand wird die Verjährungsfrist nicht mehr als um 1 Jahr verlängert.

§ 83

Eine nicht strengere Strafe als Geldstrafe, Haft oder eine Gefängnisstrafe bis zu 1 Jahr fällt fort, wenn ihre Vollstreckung binnen 5 Jahren seit der Aburteilung, dem Beschluß oder dem Vergleich nicht angefangen hat. Ist die begonnene Vollstreckung aber unterbrochen, so rechnet die Frist von da an.

Nach Ablauf von 10 Jahren kann ein Strafurteil nur auf Anordnung des Justizministers vollstreckt werden.

In diese Fristen wird die Zeit nicht eingerechnet, während der der Vollzug der Strafe wegen eines bedingten Urteils ausgesetzt war oder wegen der Verbüßung einer Freiheitsstrafe oder Unterbringung im Arbeitshaus oder der Verwahrungsanstalt gemäß den Bestimmungen des VII. Kapitels nicht begonnen werden konnte.

§ 84

— — — — — — — — — —[1])

Hat jemand das erstemal für eine Tat ein Strafurteil verwirkt, wodurch ihm die Bürgerrechte aberkannt sind, die Strafe aber eine Freiheitsstrafe bis zu 1 Jahr nicht überstieg, so erhält er, nachdem 5 Jahre seit der Verbüßung, Verjährung oder dem Erlaß der Strafe vergangen sind, alle Rechte, die durch die Rehabilitation zu erhalten sind, wenn er in dieser Zeit wegen keiner Straftat, die eine strengere Strafe als Geldstrafe verwirken würde, angeklagt worden ist.

§ 85

Sind zwei Jahre der im § 84 Abs. 2 genannten Frist vergangen, so kann der Präsident[2]) ihn, wenn der Verurteilte sich in der Zeit gut geführt hat, rehabilitieren, nach dem alle dort gesetzten Bedingungen erfüllt sind.

Nachdem mindestens fünf Jahre von der Verbüßung, Verjährung oder dem Erlaß der Strafe vergangen sind, kann der Präsident[2]) den Betreffenden rehabilitieren. Der Betreffende muß dann aber beweisen, daß er sich für die gesagte Zeit einwandfrei benommen hat.

Unter besonderen Umständen kann die Wiederverleihung von Ehren und Rechten vorgenommen werden, obwohl die Strafzeit so

---

[1]) § 84, Abs. 1, fällt laut Ges. Nr. 22 vom 3. Mai 1955 fort.

[2]) Gesetz Nr. 100 vom 7. Dezember 1951 § 4.

lange ist, wie im Abs. 2 gesagt ist, und obwohl eine nicht längere Zeit als in Abs. 1 vorgesehen vergangen ist[1]).

X. KAPITEL

Landesverrat

§ 86

Wer eine Handlung begeht, die darauf abzielt, durch Anwendung von Gewalt oder durch Drohung mit Gewalt, durch anderen Zwang oder durch Betrug den isländischen Staat oder einen Teil desselben unter fremde Herrschaft zu bringen oder einen Teil des Staates loszureißen, wird mit Gefängnis von mindestens 4 Jahren bis zu lebenslänglicher Dauer bestraft.

§ 87

Wer mit der Regierung eines fremden Staates ein Bündnis schließt, um zu feindlichen Maßnahmen oder Krieg gegen den isländischen Staat oder dessen Verbündete anzureizen, ohne daß die Tat unter § 86 fällt, wird mit Gefängnis von mindestens 2 Jahren bis zu lebenslänglicher Dauer bestraft. Wird das getan, um anderswie die Handlungsfreiheit des isländischen Staates durch einen fremden Staat zu beeinträchtigen, so wird mit Gefängnis bis zu 8 Jahren bestraft.

§ 88[2])

Wer durch öffentliche Äußerungen in Wort oder Schrift zu feindlichen Maßnahmen eines fremden Staates gegen den isländischen Staat oder zur Einmischung einer fremden Macht in dessen Angelegenheiten anreizt oder hilft oder durch Beleidigung, Körpergewalt, Eigentumsbeschädigungen oder durch andere ähnlich gefährdende Maßnahmen die Gefahr desselben herbeiführt, wird mit Haft oder Gefängnis bis zu 6 Jahren bestraft. Bei geringer Strafbarkeit kann auf Geldstrafe erkannt werden.

§ 89

Ein isländischer Staatsbürger, der während eines Krieges gegen den isländischen Staat oder dessen Verbündete Waffen trägt, wird mit Gefängnis von mindestens 2 Jahren bestraft.

Ebenso wird bestraft, wer während eines Krieges oder bei drohender Gefahr eines Krieges dem Feinde des isländischen Staates mit Rat oder Tat Beistand leistet oder die Kampfkraft des isländischen Staates oder seiner Verbündeten schwächt.

§ 90

Wer während oder bei drohender Gefahr eines Krieges einen Vertrag oder eine Verpflichtung nicht erfüllt, die die vom isländischen

---

1) § 85, Abs. 3, in der Fassung des Gesetzes Nr. 36 vom 17. Juni 1944.

2) In der Fassung des Gesetzes Nr. 47 vom 27. Juni 1941 § 1.

Staat aus diesem Anlaß getroffenen Maßnahmen betreffen, wird mit Haft oder Gefängnis bis zu 3 Jahren bestraft.

Beruht die Nichterfüllung auf grober Fahrlässigkeit, so ist die Strafe Geldstrafe oder Haft.

§ 91

Wer fremden Personen geheime Verträge, Beratungen oder Beschlüsse über Angelegenheiten, auf denen die Sicherheit und Rechte des isländischen Staates anderen Staaten gegenüber beruhen, oder große finanzielle oder wirtschaftliche Bedeutung für den isländischen Staat dem Ausland gegenüber haben, bekanntmacht, mitteilt oder anderswie verrät, wird mit Gefängnis bis zu 16 Jahren bestraft.

Ebenso wird bestraft, wer eine Urkunde oder einen anderen Gegenstand, der für die Sicherheit des Staates oder für seine Rechte gegenüber fremden Staaten von Bedeutung ist, verfälscht, zerstört oder beiseiteschafft.

Wer bei der Wahrnehmung eines ihm übertragenen Auftrages, für den isländischen Staat mit einem fremden Staat zu verhandeln oder ein Abkommen zu treffen, gegen die Interessen des isländischen Staates handelt, wird in derselben Art bestraft.

Bei fahrlässiger Begehung der in Abs. 1 und 2 beschriebenen Taten wird mit Haft und Gefängnis bis zu 3 Jahren, bei besonders mildernden Umständen mit Geldstrafe bestraft.

§ 92

Mit Haft oder Gefängnis bis zu 10 Jahren, oder bei mildernden Umständen mit Geldstrafe, wird bestraft, wer vorsätzlich oder fahrlässig fremden Personen geheime Militäranlagen, die der isländische Staat angelegt hat, mitteilt, beschreibt oder erklärt.

Ebenso wird bestraft, wer vorsätzlich oder fahrlässig die Neutralität des isländischen Staates gefährdet, eine fremde Macht bei der Schwächung dessen Neutralität unterstützt oder Verboten, die der Staat zum Schutze seiner Neutralitätsmaßnahmen erlassen hat, zuwiderhandelt.

§ 93

Mit Haft oder Gefängnis bis zu 5 Jahren wird bestraft, wer einen ausländischen Staat oder ausländische politische Parteien unterstützt, innerhalb des isländischen Staates direkte oder indirekte Spionage zu treiben.

§ 94

Wird eine in den Kapiteln XXIII, XXIV oder XXV behandelte Straftat gegen ein fremdes Staatsoberhaupt oder Mitglieder dessen diplomatischer Mission begangen, so kann die dort vorgesehene Strafe bis um die Hälfte erhöht werden.

§ 95[1])

Wer eine fremde Nation oder einen fremden Staat, dessen obersten Ratsherrn oder Staatsoberhaupt, dessen Flagge oder anerkanntes Nationalzeichen anderer Art öffentlich verhöhnt, wird mit Geldstrafe, Haft oder Gefängnis bis zu 6 Jahren bestraft.

Ebenso wird bestraft, wer andere hier wohnhafte Beamten eines fremden Staates öffentlich verhöhnt oder sonst Beschimpfungen oder andere Beleidigungen in Wort oder Tat oder ehrenrührige Behauptungen gegen sie vornimmt.

§ 96

Bei besonderen Umständen kann, wenn nach diesem Kapitel für eine Tat Gefängnis vorgesehen ist, für den gleichen Zeitraum auf Haft erkannt werden.

§ 97

Die in diesem Kapitel behandelten Straftaten unterliegen in allen Fällen öffentlicher Verfolgung, die nur auf Anordnung des Justizministers stattfindet.

XI. KAPITEL

Straftaten gegen die Staatsverfassung und die obersten Staatsbehörden

§ 98

Wer einen Aufstand führt oder dazu anreizt, um die Staatsverfassung zu ändern, wird mit Gefängnis nicht unter 3 Jahren bis zu lebenslänglicher Dauer bestraft.

Wer an einem solchen Aufstand teilnimmt wie auch eine Handlung begeht, die darauf abzielt, gesetzwidrig die Verfassung zu ändern, wird mit Gefängnis bis zu 8 Jahren bestraft.

§ 99

Wer eine Handlung begeht, die darauf abzielt, den Präsidenten[2]) oder den verfassungsmäßigen Regenten des Lebens zu berauben, wird mit Gefängnis nicht unter 6 Jahren bestraft.

§ 100

Wer das Althing antastet oder die Freiheit des Althings gefährdet, oder eine Bekanntmachung veröffentlicht, oder einer solchen Bekanntmachung folgt, die darauf abzielt, wird mit Gefängnis nicht unter 1 Jahr und bei erschwerenden Umständen bis zu lebenslänglicher Dauer bestraft.

Gleiche Strafe trifft denjenigen, der in gleicher Weise den Präsidenten[2]) oder den verfassungsmäßigen Regenten, die Ministerien, das Staatsgericht oder den Obersten Gerichtshof angreift.

---

[1]) In der Fassung des Gesetzes Nr. 47 vom 27. Juni 1941 § 2.

[2]) Gesetz Nr. 100 vom 7. Dezember 1951 § 1.

§ 101

Wird, abgesehen von den Fällen der §§ 99 und 100, eine in den Kapiteln XXIII, XXIV oder XXV behandelte Straftat gegen den Präsidenten[1]) oder den verfassungsmäßigen Regenten begangen, so sind die in diesen Bestimmungen vorgesehenen Strafen bis auf das Doppelte zu erhöhen. Die mildeste zu erkennende Strafe ist Haft.

Wird eine solche Straftat gegen die nächsten Verwandten des Präsidenten begangen, so daß angenommen werden kann, daß die Tat gegen sein Heim gerichtet ist, kann die Strafe bis um die Hälfte erhöht werden[2]).

§ 102

Wer die Vornahme von Präsidentenwahl, von Wahlen zum Althing[3]), zu kommunalen oder anderen öffentlichen Körperschaften zu verhindern versucht oder wer den Ausgang einer Wahl verändert oder die Feststellung des Ergebnisses unmöglich macht, wird mit Gefängnis bis zu 4 Jahren bestraft.

Haft oder Gefängnis bis zu 4 Jahren treten ein, wenn derartige Handlungen bei auf Gesetz beruhenden Abstimmungen in öffentlichen Angelegenheiten begangen werden.

§ 103

Mit Haft oder Gefängnis bis zu 2 Jahren oder bei mildernden Umständen mit Geldstrafe wird bestraft, wer sich bei den in § 102 beschriebenen Wahlen folgender strafbaren Handlungen schuldig macht:

1. sich oder anderen unberechtigt die Teilnahme an der Abstimmung verschafft,
2. einen anderen durch Nötigung, Freiheitsberaubung oder Mißbrauch eines Vorgesetztenverhältnisses zu veranlassen sucht, in einem bestimmten Sinne zu stimmen oder sich der Stimme zu enthalten,
3. durch Täuschung bewirkt, daß ein anderer gegen seine Ansicht sich der Stimme enthält oder daß seine Stimme ungültig wird oder anders als beabsichtigt wirkt,
4. einen Vermögensvorteil gewährt, verspricht oder anbietet, um einen anderen zu beeinflussen, in einem bestimmten Sinne zu stimmen oder sich der Stimme zu enthalten,
5. einen Vermögensvorteil annimmt, fordert oder sich versprechen läßt, um in einem bestimmten Sinne zu stimmen oder sich der Stimme zu enthalten.

§ 104

Wenn für eine Straftat nach diesem Kapitel Gefängnis vorgesehen ist, kann bei besonderen Umständen auf Haft für den gleichen Zeitraum erkannt werden.

---

[1]) Gesetz Nr. 100 vom 7. Dezember 1951, § 1.

[2]) § 101, Abs. 2, in der Fassung des Ges. Nr. 100 vom 7. Dezember 1951 § 2.

[3]) Gesetz Nr. 100 vom 7. Dezember 1951 § 3.

§ 105

Die in den §§ 99 und 101 behandelten Straftaten unterliegen in allen Fällen öffentlicher Verfolgung, die nur auf Anordnung des Justizministers stattfindet.

XII. KAPITEL

Straftaten gegen die öffentliche Gewalt

§ 106

Wer mit Gewalt oder durch Bedrohung mit Gewalt jemanden, dem es obliegt, auf Grund eines öffentlichen Amtes oder Auftrages zu handeln, während der Ausübung des Amtes oder Auftrages oder aus Anlaß derselben angreift, oder wer auf die gleiche Weise eine solche Person an der Vornahme einer rechtsmäßigen Amtshandlung zu hindern oder zur Vornahme einer Amtshandlung zu nötigen sucht, wird mit Haft oder Gefängnis bis zu 6 Jahren bestraft.

Wer abgesehen hiervon den genannten Personen bei der Ausübung ihres Amtes oder Auftrages Hindernisse in den Weg legt, wird mit Geldstrafe, Haft oder Gefängnis bis zu 2 Jahren bestraft.

Den obenangeführten Beamten stehen diejenigen Leute gleich, die ein Richter oder eine Behörde bei Ausübung eines öffentlichen Amtes zur Hilfe auffordert.

§ 107

Die im § 106 vorgesehenen Strafen finden, wenn die dort genannten Handlungen durch eine Menschenmasse unterstützt wurden, auf diejenigen Anwendung, die zum Auflauf anstiften oder ihn leiten, aber entsprechend strenger oder mit Gefängnis bis zu 8 Jahren.

Andere Teilnehmer des Auflaufes, die eine Gewalttat verübt haben oder einer rechtmäßig verkündeten Aufforderung der Obrigkeit an die Menge, auseinanderzugehen, nicht nachgekommen sind, werden nach der im § 106 bezeichneten Art bestraft.

§ 108

Wer einen Beamten während der Ausübung seines Amtes oder Auftrages oder aus Anlaß derselben mit Schimpfworten oder anderem beleidigendem Verhalten in Wort oder Handlung oder mit Verleumdungen angreift, wird mit Geldstrafe, Haft oder Gefängnis bis zu 3 Jahren bestraft. Behauptungen, obwohl als wahr erwiesen, werden mit Geldstrafe bestraft, wenn sie in ungehöriger Weise vorgetragen sind.

§ 109

Wer jemandem, der im öffentlichen Amt oder Auftrag tätig ist, Geschenke oder andere Vorteile gewährt, verspricht oder anbietet, um ihn zu einer Handlung oder Unterlassung zu veranlassen, durch die er sich einer Pflichtwidrigkeit schuldig machen würde, wird mit Gefängnis bis zu 3 Jahren oder bei mildernden Umständen mit Haft oder Geldstrafe bestraft.

§ 110

Verabreden Gefangene, die eine Freiheitsstrafe verbüßen, gemeinschaftlich zu entweichen, so werden sie mit Gefängnis von 6 Monaten bis zu 3 Jahren bestraft.

§ 111

Wer einen Festgenommenen, Verhafteten oder einen in öffentlicher Verwahrung Untergebrachten befreit oder ihn zum Entweichen anreizt oder ihm dabei behilflich ist, wird mit Haft oder Gefängnis bis zu 2 Jahren, bei mildernden Umständen mit Geldstrafe bestraft.

Wer sich mit einem Festgenommenen, Verhafteten oder öffentlich Untergebrachten unerlaubt in Verbindung setzt, wird mit Geldstrafe oder Haft bis zu 6 Monaten bestraft.

§ 112

Mit Geldstrafe, Haft oder Gefängnis bis zu 1 Jahr wird bestraft, wer jemanden in der Absicht, ihn der Verfolgung wegen einer Straftat oder einer Strafe zu entziehen, verborgen hält, ihm zur Flucht behilflich ist oder ihn für einen anderen ausgibt.

Ebenso wird bestraft, wer, um die Untersuchung einer Straftat zu verhindern, dadurch, daß er Gegenstände, die für eine Untersuchung von Bedeutung sind, vernichtet, verändert oder beiseiteschafft oder die Spuren einer Straftat verwischt.

Wer diese Handlungen begeht, um sich oder einen seiner nächsten Angehörigen der Verfolgung oder Strafe zu entziehen, wird nicht bestraft.

§ 113

Wer ein amtlich angebrachtes Siegel oder Zeichen entfernt oder zerstört, wird mit Geldstrafe, Haft oder Gefängnis bis zu 6 Monaten bestraft.

Wer eine amtlich angeschlagene Bekanntmachung entfernt oder beschädigt, wird mit Geldstrafe, Haft oder Gefängnis bis zu 3 Monaten bestraft.

§ 114

Wer im isländischen Staat zu fremdem Kriegsdienst wirbt, wird mit Haft oder Gefängnis bis zu 2 Jahren bestraft.

§ 115

Wer über Vorgänge bei den in § 102 genannten Wahlhandlungen und Abstimmungen oder über Verhandlungen von öffentlichen Körperschaften und Kommissionen, Behörden oder Gerichten unberechtigt oder vorsätzlich unrichtig öffentliche Mitteilungen macht, wird mit Geldstrafe, Haft oder Gefängnis bis zu 6 Monaten bestraft.

§ 116

Wer eine ihm nicht zukommende amtliche Befugnis ausübt, wird mit Geldstrafe oder Haft oder bei erschwerenden Umständen mit Gefängnis bis zu 2 Jahren bestraft.

§ 117

Mit Geldstrafe wird bestraft, wer vorsätzlich oder fahrlässig öffentlich oder in rechtswidriger Absicht von einem Abzeichen, einer Marke oder Uniform Gebrauch macht, die isländischen oder ausländischen öffentlichen Behörden oder Militärpersonen vorbehalten sind, oder wer von einem Abzeichen, einer Marke oder einer Tracht Gebrauch macht, die eine solche Ähnlichkeit mit den obengenannten haben, daß sie leicht verwechselt werden können.

XIII. KAPITEL

Straftaten gegen die öffentliche Ordnung und den öffentlichen Frieden

§ 118

Wer einen Auflauf mit dem Vorsatz verursacht, Gewalt gegen Personen oder Sachen zu verüben oder damit zu drohen, wird mit Gefängnis bis zu 3 Jahren oder Haft bestraft.

Gleiche Strafe trifft diejenigen, die als Leiter eines Auflaufes auftreten, nachdem er angefangen hat.

Andere Teilnehmer an einem Auflauf, die Gewalt verüben oder einer rechtmäßig verkündeten Aufforderung der Obrigkeit an die Menge, auseinanderzugehen, nicht nachkommen, werden entsprechend milder bestraft oder sogar mit Geldstrafe, sofern sie keine Gewalt verübt haben.

Wird während eines solchen Auflaufs eine zu seinem Zweck gehörende Straftat begangen, so ist, der Teilnahme jedes Einzelnen entsprechend, gemäß dem Obengesagten, auf strengere Strafen zu erkennen; es kann dann auf Gefängnis bis zu 6 Jahren erkannt werden, soweit die Straftat nicht nach ihrer Art eine höhere Strafe nach sich zieht.

§ 119

Teilnehmer an einem Auflauf, ohne daß er den Bestimmungen des § 118 unterliegt, die einer Aufforderung, auseinanderzugehen, nicht nachkommen, obwohl sie wissen, daß diese ordnungsmäßig von der Obrigkeit verkündet worden ist, werden mit Geldstrafe oder Haft bis zu 3 Monaten bestraft.

§ 120

Mit Geldstrafe oder Haft bis zu 3 Monaten wird bestraft, wer durch unbegründetes Herbeirufen von Hilfe, Mißbrauch eines Feuersignals oder anderer Gefahrsignale das Ausrücken von Polizei, Feuerwehr, Rettungsleuten oder anderen Hilfen verursacht.

§ 121

Wer, ohne dadurch ein höhere Strafe verwirkt zu haben, öffentlich zu einer Straftat anreizt, wird mit Haft oder Gefängnis bis zu 2 Jahren, oder bei mildernden Umständen mit Geldstrafe bestraft.

Wer öffentlich eine im X. oder XI. Kapitel dieses Gesetzes behandelte Straftat ausdrücklich billigt, wird mit Geldstrafe, Haft oder Gefängnis bis zu 1 Jahr bestraft.

§ 122

Wer die Abhaltung einer rechtmäßigen öffentlichen Versammlung verhindert, wird mit Geldstrafe oder Haft oder bei erschwerenden Umständen, namentlich wenn die Handlung mit gewalttätigem oder drohendem Auftreten verbunden war, mit Gefängnis bis zu 2 Jahren bestraft.

Mit Geldstrafe oder Haft bis zu 3 Monaten wird bestraft, wer eine gesetzliche Versammlung über öffentliche Angelegenheiten durch Lärm oder Unordnung stört.

Die gleiche Strafe trifft denjenigen, der in derselben Weise einen öffentlichen Gottesdienst oder eine andere kirchliche Handlung oder eine Bestattung stört.

§ 123

Wer sich vorsätzlich oder aus grober Fahrlässigkeit in einen Rausch versetzt, wird mit Geldstrafe, Haft oder Gefängnis bestraft, namentlich bei Rückfall oder bei erschwerenden Umständen, wenn er in diesem Zustand Personen oder erheblichere Vermögenswerte gefährdet.

Mit Haft oder Gefängnis bis zu 4 Monaten wird bestraft, wer einer Auflage nach § 64, Abs. 1, keinen Alkohol zu kaufen oder zu sich zu nehmen, zuwiderhandelt.

Mit Geldstrafe wird bestraft, wer einer Auflage nach § 64 Abs. 2 zuwiderhandelt.

§ 124

Wer den Grabfrieden stört oder sich der ungehörigen Behandlung einer Leiche schuldig macht, wird mit Geldstrafe, Haft oder mit Gefängnis bis zu 6 Monaten bestraft.

Gleiche Strafe trifft denjenigen, der sich der ungehörigen Behandlung von Gegenständen schuldig macht, die zu einer Kirche gehören und zu kirchlichen Zwecken benutzt werden sollen.

§ 125

Wer die Glaubenslehre oder Gottesverehrung einer im Inland rechtmäßig bestehenden Religionsgemeinschaft öffentlich verspottet oder verhöhnt, wird mit Geldstrafe oder Haft bestraft. Die Verfolgung findet nur auf Anordnung des Staatsanwaltes statt.

§ 126

Wer weiß, daß eine in den §§ 86, 87, 89, 91, 98, 99 oder 100 dieses Gesetzes behandelte Straftat oder eine andere Straftat geplant oder angefangen wird, die das Leben oder (das Wohl — wörtl.) die wirtschaftliche Existenz eines Menschen oder erhebliche Werte der Allgemeinheit gefährdet und nicht alles tut, was in seiner Macht steht, um der Tat oder ihren Folgen vorzubeugen, u. a. notfalls durch Anzeige bei der Behörde, wird, wenn die Tat begangen oder versucht wird, mit Haft oder Gefängnis bis zu 3 Jahren, oder bei sehr mildernden Umständen mit Geldstrafe bestraft. Wer die Vornahme derartiger vorbeugender Handlungen unterläßt, wird nicht bestraft, wenn ihre Vornahme ihn oder seine nächsten Angehörigen einer Gefahr für Leben, Gesundheit oder wirtschaftliche Existenz (Wohl — wörtl.) aussetzen würde.

§ 127

Mit Geldstrafe oder Haft bis zu 3 Monaten wird bestraft, wer es unterläßt, auf Aufforderung einer Behörde Beistand zur Abwendung einer Straftat oder eines Unglücks zu leisten, die das Leben, die Gesundheit oder die wirtschaftliche Existenz anderer gefährden, obwohl der Beistand ohne Gefahr oder erheblichere Opfer hätte geleistet werden können.

XIV. KAPITEL

Straftaten im öffentlichen Amt

§ 128

Wer in Ausübung öffentlichen Amtes oder Auftrages unberechtigt Geschenke oder andere Vorteile fordert, annimmt oder sich versprechen läßt, wird mit Haft oder mit Gefängnis bis zu 6 Jahren, bei mildernden Umständen mit Geldstrafe bestraft.

§ 129

Wer im öffentlichen Amt oder Auftrag tätig ist und aus persönlicher Gewinnsucht für sich oder andere Personen Steuern oder Abgaben fordert oder annimmt, die nicht geschuldet werden, wird mit Gefängnis bis zu 6 Jahren bestraft, wenn andere Bestimmungen des Gesetzes keine schwerere Strafe vorsehen.

Verhältnismäßig milder zu bestrafen ist, wer aus persönlicher Gewinnsucht einen derartig gutgläubig gehobenen Betrag behält, nachdem er auf den Fehler aufmerksam geworden ist, in diesem Falle kann mit Haft gestraft werden.

§ 130

Wer im Besitz richterlicher Gewalt oder einer amtlichen Befugnis ist, in Rechtsverhältnissen Entscheidungen zu treffen und bei der Entscheidung oder Behandlung der Sache eine Ungerechtigkeit begeht, damit das Urteil ungerecht wird, wird mit Gefängnis bis zu 6 Jahren bestraft.

Hat die Handlung den Verlust der wirtschaftlichen Existenz für jemanden zur Folge gehabt oder war dies beabsichtigt, so ist die Strafe Gefängnis von mindest 2 bis zu 16 Jahren.

§ 131

Ein Richter oder ein anderer Beamter im öffentlichen Amt, der bei der Handhabung der staatlichen Strafgewalt mitzuwirken hat und dabei ungesetzliche Mittel anwendet, um ein Geständnis oder eine Erklärung zu erlangen, oder eine gesetzwidrige Festnahme, Verhaftung oder Durchsuchung oder Beschlagnahme von Papieren oder anderen Gegenständen vornimmt, wird mit Geldstrafe, Haft oder Gefängnis bis zu 3 Jahren bestraft.

§ 132

Ein öffentlicher, in den §§ 130 und 131 genannter Beamter, der vorsätzlich oder aus grober Fahrlässigkeit ungesetzliche Mittel bei der Behandlung eines Falles oder bei der Rechtsentscheidung, Festnahme, Durchsuchung, Vollziehung der Strafe oder Beschlagnahme anwendet oder gegen andere solche Regeln verstößt, wird mit Geldstrafe oder Haft bestraft, sofern seine Tat nicht einer schwereren gesetzlichen Bestrafung unterliegt.

§ 133

Ein öffentlicher Beamter, der bei der ihm obliegenden Bewachung eines Gefangenen oder Vollziehung von Strafurteilen den Gefangenen entweichen läßt, die Vollziehung des Urteils verhindert, jemanden vor Strafe schützt oder bewirkt, daß sie auf andere mildere Art als vorgesehen vollzogen wird, wird mit Haft oder Gefängnis bis zu 3 Jahren oder bei geringer Strafbarkeit mit Geldstrafe bestraft.

§ 134

Wer im öffentlichen Amt tätig ist und seine Stellung dazu mißbraucht, einen anderen zu einer Handlung, Duldung oder Unterlassung zu nötigen, wird mit Haft oder mit Gefängnis bis zu 3 Jahren bestraft.

§ 135

Ein Beamter, der dazu anreizt oder daran teilnimmt, daß ein ihm in öffentlichem Amt oder Auftrag Untergebener sich in diesem Dienst vergeht, wird mit der für die betreffende Handlung vorgesehenen Strafe, erhöht bis um die Hälfte, bestraft.

§ 136

Wer in öffentlichem Amt oder Auftrag tätig ist und etwas verrät, was geheim bleiben soll, was er dienstlich erfahren hat oder sein Amt oder Auftrag angeht, ist mit Haft oder Gefängnis bis zu einem Jahr zu bestrafen. Tut er dies um sich oder anderen einen unberechtigten Gewinn zu verschaffen, oder benutzt er sonst seine Kenntnis zu diesem Zweck, so kann auf Gefängnis bis zu 3 Jahren erkannt werden.

So wird auch bestraft, wer nach dem Ausscheiden aus seiner Stellung in der obengenannten Weise seine in der Stellung erworbene Kenntnis, die geheim bleiben soll, mißbraucht oder verrät.

§ 137

Wer im Dienste der Post oder des Telegrafenwesens unerlaubt einen der Post zur Beförderung übergebenen Brief oder Sendungen aufmacht, vernichtet oder unterdrückt, oder Telegramme, die zur Beförderung übergeben worden sind, vernichtet, verändert oder unterdrückt, wird mit Haft oder Gefängnis bis zu 3 Jahren bestraft.

§ 138

Hat sich jemand in Ausübung eines öffentlichen Amtes einer strafbaren Handlung schuldig gemacht, die als Mißbrauch seiner Stellung angesehen werden muß, bei welcher aber keine besondere Strafe für Vergehen im Amt oder Auftrag vorgesehen ist, so wird er mit der für die betreffende Handlung vorgesehenen Strafe, bis um die Hälfte erhöht, bestraft.

§ 139

Jemand, der im öffentlichen Amt tätig ist, und der in anderen als den obengeschilderten Fällen seine Stellung mißbraucht, um sich oder anderen einen unberechtigten Vorteil zu verschaffen, oder um etwas zu tun, um private oder öffentliche Rechte zu verletzen, wird mit Geldstrafe, Haft oder Gefängnis bis zu 2 Jahren bestraft.

§ 140

Wer im öffentlichen Amt tätig ist und sich weigert oder es vorsätzlich unterläßt, das von ihm gesetzlich Geforderte zu erfüllen, wird mit Geldstrafe oder Haft bestraft.

§ 141

Wer im öffentlichen Amt tätig ist und sich grober oder wiederholter Versäumnisse oder Nachlässigkeiten in der Ausführung seines Amtes schuldig macht, wird mit Geldstrafe oder Haft bestraft.

XV. KAPITEL

Falsche Aussagen und falsche Anschuldigungen

§ 142

Wer vor Gericht oder vor einer anderen zur Abnahme von Eiden befugten Behörde eine falsche Erklärung abgibt, wird mit Gefängnis von 3 Monaten bis zu 4 Jahren bestraft.

Ist die falsche Erklärung mit einem Eid bekräftigt oder unter Bezugnahme auf einen früher geleisteten Eid abgegeben worden, so kann auf Gefängnis bis zu 8 Jahren erkannt werden. Einem Eide steht eine Versicherung gleich, die kraft Gesetzes an die Stelle eines Eides tritt.

Betrifft die falsche Aussage ausschließlich Umstände, die für den aufzuklärenden Sachverhalt ohne Bedeutung sind, so kann die Strafe auf Haft oder Geldstrafe ermäßigt werden.

§ 143

Wer als Beschuldigter in einer öffentlichen Strafsache eine falsche Erklärung abgibt, wird nicht bestraft. Wer falsche Erklärungen abgibt, weil eine richtige Aussage ihn in der Sache hätte strafbar machen können, oder Grund zu dieser Vermutung besteht, wird nicht bestraft.

Wird bei der Vernehmung durch ein Gericht oder eine im § 142 genannte Behörde eine falsche Erklärung in einem Falle abgegeben, in dem der Vernommene nichts aussagen durfte oder zur Verweigerung der Aussage berechtigt war, so kann die Strafe herabgesetzt werden und wenn die Erklärung nicht beeidigt ist, sogar ganz fortfallen.

§ 144

Wer aus grober Fahrlässigkeit eine Tat begangen hat, die nach den §§ 142 und 143 Abs. 2 wenn es sich um eine vorsätzliche Handlung handelt, strafbar ist, wird mit Geldstrafe oder Haft bestraft.

§ 145

Mit Geldstrafe, Haft oder Gefängnis bis zu 2 Jahren wird bestraft, wer abgesehen von den Fällen des § 142 einer öffentlichen Behörde gegenüber eine falsche Erklärung unter dem Erbieten zum Eide, an Eidesstatt oder in ähnlicher Weise abgibt, wenn eine solche geboten oder zulässig ist.

§ 146

Wer sonst einer öffentlichen Behörde gegenüber eine unrichtige Erklärung über einen Sachverhalt abgibt, über den er verpflichtet ist, eine Erklärung abzugeben, wird mit Geldstrafe oder Haft bis zu 6 Monaten oder Gefängnis bis zu 4 Monaten bestraft.

Die Bestimmungen des § 143 Abs. 1 gelten entsprechend.

§ 147

Wer eine falsche schriftliche Erklärung oder eine schriftliche falsche Bescheinigung über etwas abgibt, wovon er keine Kenntnis hat, zum Gebrauch in Gerichtssachen oder in anderen Sachen, die die Öffentlichkeit betreffen, wie auch zum Gebrauch in Schiedsgerichtssachen, wird mit Geldstrafe oder Haft bis zu 6 Monaten oder Gefängnis bis zu 4 Monaten bestraft.

§ 148

Wer durch falsche Anschuldigung, durch falsche Aussage, durch Veränderung oder Beiseiteschaffung von Beweisen oder durch Herbeischaffung falscher Beweise oder durch andere Mittel herbeizuführen sucht, daß ein Unschuldiger wegen einer strafbaren Handlung beschuldigt oder verurteilt wird, wird mit Haft oder Gefängnis bis zu 10 Jahren bestraft. Bei der Strafzumessung ist darauf zu achten, wie streng die vorgesehene Strafe für die Tat ist, die der Betreffende angeblich begangen haben soll. Ist hier eine im § 142 geschilderte Tat begangen worden, so soll die Strafe nicht milder sein als dort vorgesehen ist. Hat die Tat den Verlust der wirtschaftlichen Existenz für jemanden zu Folge gehabt oder war dieses beabsichtigt, so ist die Strafe Gefängnis von mindestens 2 bis 16 Jahren.

Auf Antrag des Verletzten kann im Urteil bestimmt werden, daß die Urteilsformel und so viel von den Urteilsgründen, wie das Gericht für erforderlich hält, in einer oder mehreren öffentlichen Zeitungen amtlich bekanntzumachen ist.

§ 149

Wer bei der Behörde eine strafbare Handlung anzeigt, die nicht begangen worden ist, oder wer bei dem Präsidenten[1]), Althing, Gericht oder bei den Behörden falsche Beschwerden einreicht, wird mit Geldstrafe oder Haft oder bei erschwerenden Umständen mit Gefängnis bis zu 1 Jahr bestraft.

XVI. KAPITEL

Geldverfälschung und andere Münzdelikte

§ 150

Wer Geld verfälscht, um es als echtes in Verkehr zu bringen, oder wer in gleicher Absicht sich oder anderen verfälschtes Geld verschafft, wird mit Gefängnis bis zu 12 Jahren bestraft.

Ist die Verfälschung durch Verringerung des Wertes gangbarer Münze erfolgt, so ist die Strafe Gefängnis bis zu 4 Jahren.

§ 151

Die Ausgabe verfälschten Geldes wird, wenn die Verfälschung dem Ausgebenden bekannt ist, ebenso wie die Verfälschung bestraft. Hat der Ausgebende das Geld gutgläubig empfangen, so kann die Strafe auf Haft oder Geldstrafe ermäßigt werden.

§ 152

Wer Geld ausgibt, von dem er vermutet, daß es verfälscht ist, wird mit Haft oder Gefängnis bis zu 3 Jahren bestraft. Hat der Ausgebende das Geld gutgläubig empfangen, so kann die Strafe auf Geldstrafe ermäßigt werden und bei mildernden Umständen ganz fortfallen.

§ 153

Mit Geldstrafe wird bestraft, wer Gegenstände herstellt, einführt oder verbreitet, die nach Form und Aufmachung eine erhebliche äußere Ähnlichkeit mit Geld oder einem zu allgemeinem Umlauf bestimmten Wertpapier aufweisen.

§ 154

Mit Geldstrafe oder Haft bis zu 3 Monaten wird bestraft, wer ohne gesetzliche Befugnis Schuldverschreibungen herstellt, einführt oder ausgibt, die dazu bestimmt erscheinen, im engeren oder weiteren Kreise als Zahlungsmittel von Hand zu Hand verwendet zu werden, oder von denen eine solche Verwendung zu erwarten ist. Ausländische Noten fallen nicht unter diese Bestimmung.

---

[1]) Gesetz Nr. 100 vom 7. Dezember 1951 § 4.

XVII. KAPITEL

Urkundenfälschung und andere Beweisdelikte

§ 155

Wer zur Täuschung im Rechtsverkehr von einer falschen Urkunde Gebrauch macht, wird mit Gefängnis bis zu 8 Jahren bestraft. Besonders ist die Strafe zu erschweren, wenn die betreffende Urkunde als öffentliches Dokument, als zum allgemeinen Umlauf bestimmte Urkunde oder als Testament benutzt wird.

Ist die Urkunde nach ihrer Art von untergeordneter Bedeutung oder sind sonst besonders mildernde Umstände vorhanden, besonders wenn der Schuldige nicht beabsichtigt hat, einem anderen einen Schaden zuzufügen, so darf auf Haft oder Geldstrafe erkannt werden.

§ 156

Mit der im § 155 vorgesehenen Strafe wird bestraft, wer zur Täuschung im Rechtsverkehr eine mit einer echten Unterschrift versehene Urkunde benutzt, wenn die Unterschrift unter Ausnutzung eines Irrtums auf einer anderen Urkunde oder einer Urkunde anderen Inhalts, als von dem Unterzeichner beabsichtigt, erlangt worden ist.

§ 157

Wer, um im Rechtsverkehr zu täuschen, von einer echten Urkunde in Bezug auf einen anderen als denjenigen, den sie wirklich angeht, oder sonst in einer mit der Bestimmung der Urkunde im Widerspruch stehenden Weise Gebrauch macht, wird mit Geldstrafe, Haft oder Gefängnis bis zu 6 Monaten bestraft.

§ 158

Wer in der Absicht, im Rechtsverkehr zu täuschen, in öffentlichen Urkunden oder Büchern oder sonstigen Urkunden oder Büchern, die er auf Grund eines Pflichtverhältnisses auszustellen oder zu führen hat, etwas unrichtig angibt, oder wer in einer Urkunde oder einem Buch, das er in einem Amt, dessen Ausübung der öffentlichen Anerkennung unterliegt, herausgibt oder führt, eine falsche Erklärung gibt, wird mit Haft oder Gefängnis bis zu 3 Jahren, oder bei mildernden Umständen mit Geldstrafe, bestraft.

Gleiche Strafe trifft denjenigen, der im Rechtsverkehr von einer solchen unrichtigen Urkunde so Gebrauch macht, als enthielte sie die Wahrheit.

§ 159

Mit Geldstrafe, Haft oder Gefängnis bis zu 3 Jahren wird bestraft, wer in der Absicht, im Handel zu täuschen, von Gegenständen Gebrauch macht, die unberechtigt mit amtlichen Stempeln oder Zeichen versehen sind, die für die Echtheit, Art, Güte, Klasse oder Menge des Gegenstandes Gewähr leisten soll.

Ebenso wird bestraft, wer mit derselben Absicht durch Betrug bewirkt, daß ein Gegenstand mit einem solchen öffentlichen Stempel oder Zeichen versehen wird, der dazu nicht geeignet ist, oder wer solche Gegenstände benützt.

Mit Geldstrafe, Haft oder Gefängnis bis zu 1 Jahr wird bestraft, wer in derselben Absicht von Gegenständen Gebrauch macht, die unberechtigt mit privaten Stempeln oder privaten Zeichen oder anderen Zeichen versehen sind, die dazu dienen, einen den Gegenstand betreffenden Sachverhalt anzugeben, der für Handel und Verkehr von Bedeutung ist. Ebenso wird bestraft, wer zur Täuschung in gleicher Weise von Gegenständen Gebrauch macht, auf denen rechtmäßig angebrachte Stempel, Zeichen und Bezeichnungen verändert oder entfernt sind.

§ 160

Mit Gefängnis bis zu 2 Jahren oder Haft wird bestraft, wer in seinem Beruf falsche Maßinstrumente oder Waagen im Handel und Verkehr benutzt, in der Absicht, andere zu täuschen. Bei schwerer Strafbarkeit und bei Rückfall kann die Strafe auf bis zu 6 Jahren Gefängnis erhöht werden.

§ 161

Wer von verfälschten Postfreimarken, Stempelmarken oder anderen zur Entrichtung von öffentlichen Steuern und Abgaben dienenden Marken Gebrauch macht, ist mit Gefängnis bis zu 8 Jahren zu bestrafen. Mit einer verhältnismäßig geringeren Strafe wird bestraft, wer von schon einmal benutzten Stempelmarken oder Freimarken Gebrauch macht, auf denen das Zeichen der früheren Benutzung entfernt ist.

Mit Geldstrafe ist zu bestrafen, wer Gegenstände herstellt, einführt oder verbreitet, die an Aufmachung Stempelmarken, Postfreimarken oder anderen Frankierungsmitteln ähnlich sind.

§ 162

Wer Beweismittel verfälscht oder falsche Beweise vorlegt, in der Absicht, das Urteil in einer Sache zu beeinflussen, ist mit Gefängnis bis zu 2 Jahren, Haft oder bei mildernden Umständen mit Geldstrafe, wenn das Gesetz keine schwerere Strafe vorsieht, zu bestrafen.

Mit Gefängnis bis zu 2 Jahren oder Haft wird bestraft, wer in der Absicht, einen anderen um sein Recht zu bringen, ein Beweismittel beiseiteschafft, vernichtet oder teilweise unbrauchbar macht.

Hat jemand eine in Abs. 1 und 2 angeführte Tat an Urkunden, die in einer öffentlichen Strafsache gegen ihn von Interesse sein könnten, begangen, so ist das genannte Benehmen straffrei.

§ 163

Wer in der Absicht, über Grenzen von Grundstücksrechten, auch Wasserläufen, zu täuschen, einen falschen Grenzstein oder ein anderes derartiges Merkmal setzt oder ein solches Merkmal ändert, verrückt, zerstört oder entfernt, wird mit Gefängnis bis zu 3 Jahren oder bei geringer Strafbarkeit mit Haft bestraft.

XVIII. KAPITEL

Gemeingefährliche Straftaten

§ 164

Wer Menschen gefährdet, indem er Gegenstände in Brand setzt, wird mit Gefängnis nicht unter 6 Monaten bestraft.

Die Strafe sei jedoch Gefängnis nicht unter 2 Jahren, wenn der Täter vorausgesehen hat, daß Menschen offensichtlich gefährdet würden, oder daß der Brand die augenscheinliche Gefahr mit sich bringt, daß das Eigentum anderer Menschen umfassend zerstört würde.

§ 165

Mit Gefängnis wird bestraft, wer dem Leben, Leib oder Vermögen eines anderen Schaden zufügt, indem er eine Sprengung verursacht, schädliche Gase verbreitet, eine Überschwemmung, einen Schiffbruch, ein Eisenbahn-, Auto- oder Flugzeugunglück oder andere Unglücke an Kraftfahrzeugen oder Transportmitteln verursacht.

§ 166

Geschieht eine in den §§ 164 und 165 geschilderte Tat in der Absicht, Aufruhr, Massenplünderungen oder ähnliche Störungen der allgemeinen verfassungsmäßigen Ordnung zu fördern, so wird mit Gefängnis nicht unter 4 Jahren bestraft.

§ 167

Bei fahrlässiger Begehung einer in den §§ 164 und 165 geschilderten Taten wird mit Geldstrafe, Haft oder Gefängnis bis zu 3 Jahren bestraft.

§ 168

Mit Gefängnis bis zu 6 Jahren oder Haft wird bestraft, wer ohne nach dem § 165 strafbar zu sein, die Sicherheit von Eisenbahnwagen, Schiffen, Flugzeugen, Autos oder ähnlichen Kraftfahrzeugen oder Transportmitteln oder die Verkehrssicherheit auf öffentlichen Straßen stört.

Bei fahrlässiger Begehung ist die Strafe Geldstrafe oder Haft.

§ 169

Mit Geldstrafe, Haft oder Gefängnis bis zu einem Jahr wird bestraft, wer es unterläßt, durch Anzeige einen Brand, eine Sprengung, die Verbreitung schädlicher Gase, eine Überschwemmung, ein Schiffs- oder andere Verkehrsunglücke oder ähnliche Unglücke, durch die Menschenleben oder Schätze gefährdet sind, nach Kräften abzuwenden, obwohl ihm dies ohne besondere Gefahr oder Opfer für sich oder andere möglich gewesen wäre.

§ 170

Wer das Leben oder die Gesundheit von Menschen dadurch gefährdet, daß er einen allgemeinen Mangel an Trinkwasser hervorruft oder Wasserläufen oder Wasserbehältern schädliche Stoffe zusetzt, wird mit Gefängnis bis zu 12 Jahren bestraft.

Bei fahrlässiger Begehung ist die Strafe Geldstrafe, Haft oder Gefängnis bis zu einem Jahr.

§ 171

Wer Dingen, die zum Verkauf oder zu allgemeiner Benutzung bestimmt sind, Gift oder andere gefährliche Stoffe derart beimischt, daß ihre bestimmungsmäßige Benutzung die Gesundheit von Menschen gefährdet, wird mit Gefängnis bis zu 10 Jahren bestraft.

Ebenso wird bestraft, wer solche Dinge, wenn sie verdorben und in der geschilderten Art gesundheitsschädlich sind, einer Behandlung unterzieht, die geeignet ist, ihren verdorbenen Zustand zu verschleiern.

Ebenso wird bestraft, wer Dinge, die wie zu Abs. 1 und 2 erwähnt, verdorben sind, unter Verschweigung der vorgenommenen Behandlung feilhält oder sonst zu verbreiten sucht.

Bei fahrlässiger Begehung wird mit Geldstrafe, Haft oder Gefängnis bis zu 1 Jahr bestraft.

§ 172

Wer, ohne nach § 171 strafbar zu sein, Nahrungsmittel, die infolge Verderbs oder aus ähnlichen Gründen gesundheitsschädlich sind oder Gegenstände, die bei gewöhnlicher Benutzung ähnlich gefährlich sind, unter Verschweigung ihrer gesundheitsschädlichen Beschaffenheit feilhält oder zu verbreiten sucht, wird mit Gefängnis bis zu 6 Jahren, Haft oder bei mildernden Umständen mit Geldstrafe bestraft.

Bei fahrlässiger Begehung ist die Strafe Geldstrafe oder Haft.

§ 173

Wer als Heilmittel oder Vorbeugungsmittel gegen Krankheiten Dinge feilhält oder sonst zu verbreiten sucht, von denen er weiß, daß sie zu diesem Zweck ungeeignet sind und daß ihre Benutzung das Leben oder die Gesundheit von Menschen gefährdet, wird mit Gefängnis bis zu 6 Jahren oder Haft bestraft.

Bei fahrlässiger Begehung ist die Strafe Geldstrafe oder Haft.

§ 174

Wird unter den in den §§ 170—173 genannten Umständen das Leben oder die Gesundheit von Haustieren gefährdet, so ist auf Haft oder Gefängnis bis zu 2 Jahren, oder bei mildernden Umständen auf Geldstrafe zu erkennen.

§ 175

Wer durch Zuwiderhandlung gegen die Vorschriften, die gesetzlich oder auf Grund von Gesetzen zur Vorbeugung oder Bekämpfung von ansteckenden Krankheiten getroffen sind, eine Gefahr dafür herbeiführt, daß eine solche Krankheit unter Menschen ausbricht oder verbreitet wird, wird mit Haft oder Gefängnis bis zu 3 Jahren bestraft. Handelt es sich um eine Krankheit, gegen deren Einschleppung kraft Gesetzes besondere Maßnahmen von öffentlicher Seite getroffen sind, so ist die Strafe Gefängnis bis zu 6 Jahren.

Wer auf diese Weise eine Gefahr dafür herbeiführt, daß eine ansteckende Krankheit unter Haustieren oder Pflanzen ausbricht oder verbreitet wird, wird mit Haft oder Gefängnis bis zu 3 Jahren, oder bei mildernden Umständen mit Geldstrafe bestraft.

Bei fahrlässiger Begehung laut diesem Paragraphen ist die Strafe Geldstrafe, Haft oder Gefängnis bis zu 6 Monaten.

XIX. KAPITEL

Verschiedene gemeinschädliche Handlungen

§ 176

Wer rechtswidrig umfassende Störungen des Betriebes von allgemeinen Verkehrsmitteln, öffentlicher Postbestellung, allgemein benutzten Telegrafen- oder Telefonanlagen oder Radioanlagen oder anderen Anlagen oder Bauwerken verursacht, die der allgemeinen Versorgung mit Wasser, Gas, elektrischem Strom, Wärme oder anderen Notwendigkeiten dienen, wird mit Haft oder Gefängnis bis zu 3 Jahren oder bei mildernden Umständen mit Geldstrafe bestraft.

Bei fahrlässiger Begehung ist die Strafe Geldstrafe oder Haft bis zu 6 Monaten.

§ 177

Wer öffentliche Denkmäler oder Gegenstände, die zu allgemeinem Nutzen oder Schmuck bestimmt sind, zu öffentlichen Sammlungen gehören oder besonders geschützt sind, entfernt, zerstört oder beschädigt, wird mit Haft oder mit Gefängnis bis zu 3 Jahren oder bei mildernden Umständen mit Geldstrafe bestraft.

§ 178

Wer in der Absicht, andere im Geschäftsverkehr zu täuschen, Waren verfälscht oder diese nachahmt oder feilhält, wird mit Gefängnis bis zu 2 Jahren, Haft oder Geldstrafe bestraft.

§ 179[1])

XX. KAPITEL

Straftaten gegen das Reglement über Erwerbstätigkeit

§ 180

Wenn ein Arbeitsfähiger infolge unregelmäßigen Lebens oder Müßigganges der öffentlichen Fürsorge zur Last fällt, aus demselben Grunde seine Unterhaltspflichten gegen einen anderen verletzt und ihn dadurch der Not aussetzt oder die ihm obliegenden Beiträge für Frau, Kind oder Eltern nicht entrichtet, so wird er mit Gefängnis

---

[1]) § 179 entfällt lt. Gesetz Nr. 21 vom 13. April 1957, § 22.

bis zu 6 Monaten bestraft, wenn er der ihm von der Fürsorge oder Polizeidirektion angewiesenen, angemessenen Arbeit nicht Folge leistet. Tritt hierauf erneut ein derartiger Fall ein, so kann er mit Gefängnis bis zu 1 Jahr bestraft werden.

§ 181

Hat der Polizeichef Grund zur Annahme, daß jemand sich nicht auf redliche Weise ernährt, so ist er verpflichtet, darüber Auskunft und Beweise zu geben, wovon er sich ernährt. Leistet er dieser Aufforderung keine Folge oder ernährt er sich auf gesetzwidrige Weise, z. B. durch Verkauf verbotener Ware, Glücksspiel oder Zuhälterei oder läßt er sich von einer Frau unterhalten, die gewerbsmäßig Unzucht treibt, so wird er mit Gefängnis bis zu 2 Jahren bestraft, wenn das Gesetz keine schwerere Strafe vorsieht.

§ 182

Ist jemand nach den §§ 180 und 181 oder wiederholt wegen eines Bereicherungsdeliktes verurteilt worden, so kann ihn die Polizeibehörde während eines Zeitraumes von 5 Jahren seit der endgültigen Entlassung anweisen, zu bestimmten Zeiten zu erscheinen und nachzuweisen, wo er wohnt oder sich aufhält, sowie darüber Auskunft zu geben, wovon er sich ernährt.

Zuwiderhandlungen gegen eine solche Anweisung werden mit Geldstrafe, Haft oder Gefängnis bis zu 3 Monaten bestraft.

§ 183

Wer aus Glücksspiel oder Wetten oder aus der Förderung solcher Spiele ein Gewerbe macht, wird mit Geldstrafe, Haft oder bei erschwerenden Umständen mit Gefängnis bis zu 1 Jahr bestraft.

Das Gericht entscheidet, ob der erzielte Gewinn einzuziehen oder zurückzuzahlen ist.

§ 184

Wer direkt oder indirekt zu seinem Erwerb Räume, über die er verfügt, für Glücksspiele oder für Wetten hergibt, wird mit Geldstrafe, Haft oder Gefängnis bis zu 1 Jahr bestraft.

§ 185

Wer zu Zwecken des Erwerbs falsche Angaben macht oder sonst betrügerisch verfährt, um einen anderen zur Auswanderung zu verleiten, wird mit Geldstrafe, Haft oder Gefängnis bis zu 1 Jahr bestraft.

§ 186

Mit Geldstrafe oder Haft bis zu einem Jahr, wenn in einem anderen Gesetz keine andere Strafe vorgesehen ist, wird bestraft, wer unbefugt ein Gewerbe ausübt, für das er eine öffentliche Anerkennung oder Erlaubnis benötigt.

Mit Geldstrafe, Haft oder Gefängnis bis zu 1 Jahr ist zu bestrafen, wer einem Verein beitritt oder diesen fortsetzt, nachdem er von den Behörden vorübergehend oder ganz durch Urteil aufgelöst worden ist.

§ 187

Mit Geldstrafe oder Haft, wenn in einem anderen Gesetz keine besondere Strafe vorgesehen ist, wird bestraft, wer eine öffentliche Erlaubnis für ein Privatgewerbe oder eine Geschäftsführung erhalten hat, die ohne diese Erlaubnis nicht auszuüben erlaubt ist, und später den Pflichten, die mit der Erlaubnis den Behörden gegenüber verbunden sind, zuwiderhandelt.

XXI. KAPITEL

Familiendelikte

§ 188

Ein Verheirateter, der eine Ehe eingeht, wird mit Gefängnis bis zu 3 Jahren oder, wenn der andere Teil von dem Bestehen der Ehe keine Kenntnis hatte, mit Gefängnis bis zu 6 Jahren bestraft.

Wird die Handlung aus grober Fahrlässigkeit begangen, so ist die Strafe Haft oder Gefängnis bis zu 1 Jahr.

Ein Unverheirateter, der eine Ehe mit einem Verheirateten eingeht, wird mit Haft oder Gefängnis bis zu 1 Jahr bestraft.

Wenn die Ehe nicht für nichtig erklärt werden soll, kann auf Geldstrafe oder Haft erkannt werden oder die Strafe ganz fortfallen.

§ 189

Wer eine Ehe eingeht, die wegen Verwandtschaft der Parteien für nichtig zu erklären ist, wird mit Haft oder Gefängnis bis zu 2 Jahren bestraft.

§ 190

Bei Beischlaf zwischen Eltern und Kindern und zwischen anderen Verwandten ab- oder aufsteigender Linie, werden die Eltern mit bis zu 4 Jahren Gefängnis und wenn das Kind unter 18 Jahren ist, mit bis zu 6 Jahren Gefängnis bestraft, und die Kinder mit Haft oder Gefängnis bis zu 2 Jahren, wenn sie älter als 18 Jahre sind.

Der Beischlaf zwischen Geschwistern wird mit Haft oder Gefängnis bis zu 2 Jahren bestraft. Die Strafe kann für denjenigen fortfallen, der das 16. Lebensjahr nicht vollendet hat.

§ 191

Wer seinen Ehegatten, sein Kind oder einen seinem Sorgerecht oder seiner Fürsorge unterstellten Jugendlichen unter 18 Jahren oder einen Verwandten oder Verschwägerten aufsteigender Linie durch grobe Vernachlässigung oder entwürdigende Behandlung verletzt, wird mit Haft oder Gefängnis bis zu 2 Jahren bestraft.

Mit Haft oder Geldstrafe wird bestraft, wer dadurch die obengenannten Parteien der Not aussetzt, daß er sich einer ihm obliegenden Unterhalts- oder Beitragspflicht böswillig entzieht.

Auf Antrag des Verletzten kann die Verfolgung unterbleiben.

§ 192

Wer durch unrichtige oder unvollständige Anmeldung zum Geburtsregister die Beweisgrundlage der Vater- oder Mutterschaft eines Kindes verändert, wird mit Haft oder Geldstrafe bestraft.

Die Strafe kann fortfallen, wenn ein von einer verheirateten Frau unehelich geborenes Kind mit Einwilligung des Ehemannes als ehelich angemeldet wird.

§ 193

Wer einen Minderjährigen dem Sorgerecht oder der Fürsorge der Eltern oder eines anderen Berechtigten entzieht oder dazu beiträgt, daß dieser sich dem Sorgerecht oder der Fürsorge entzieht, wird mit Geldstrafe, Haft oder Gefängnis bis zu 16 Jahren oder mit lebenslänglichem Gefängnis bestraft.

XXII. KAPITEL

Sittlichkeitsdelikte

§ 194

Wer den Beischlaf mit einer Frau durch Gewalt, Freiheitsberaubung oder Erregung von Furcht für ihr oder ihrer nächsten Angehörigen Leben, Gesundheit oder wirtschaftliche Existenz erzwingt, wird mit Gefängnis nicht unter 1 Jahr bis zu 16 Jahren oder mit lebenslänglichem Gefängnis bestraft.

Ebenso wird bestraft, wer um den Beischlaf mit einer Frau zu erzwingen, ihr die Selbstherrschaft raubt.

§ 195

Wer sich den außerehelichen Beischlaf mit einer geisteskranken oder ausgesprochen schwachsinnigen Frau oder einer Frau, die außerstande ist, sich der Tat zu widersetzen oder ihre Bedeutung zu verstehen, verschafft, wird mit Gefängnis bis zu 8 Jahren bestraft.

§ 196

Mit Gefängnis bis zu 6 Jahren wird, soweit nicht ein Fall der §§ 194 oder 195 vorliegt, bestraft, wer sich durch Drohung mit Gewalt oder Freiheitsberaubung oder mit einer Beschuldigung wegen eines strafbaren oder ehrenrührigen Verhaltens oder mit anderen größeren Ungelegenheiten den Beischlaf mit einer Frau verschafft.

§ 197

Mit Gefängnis bis zu 4 Jahren wird bestraft, wer als Aufsichtsführender oder Angestellter eines Gefängnisses, einer Irrenanstalt, einer Schwachsinnigenanstalt, einer Erziehungsanstalt oder einer ähnlichen Institution den Beischlaf mit einer dort untergebrachten Frau vollzieht.

§ 198

Wer sich den außerehelichen Beischlaf mit einer Frau durch groben Mißbrauch ihrer wirtschaftlichen oder dienstlichen Abhängigkeit verschafft, wird mit Gefängnis bis zu 1 Jahr, oder wenn sie noch nicht 21 Jahre alt ist, mit Gefängnis bis zu 3 Jahren bestraft.

§ 199

Mit Gefängnis bis zu 6 Jahren wird bestraft, wer sich den Beischlaf mit einer Frau erschleicht, die den Beischlaf irrtümlich für ehelich hält oder den Täter mit einem anderen verwechselt.

§ 200

Der Beischlaf mit einem Kind unter 14 Jahren wird mit Gefängnis bis zu 12 Jahren bestraft.

Wer ein Mädchen im Alter von 14—16 Jahren zum Beischlaf verführt, wird mit Gefängnis bis zu 4 Jahren bestraft.

§ 201

Der Beischlaf mit einer Jugendlichen unter 18 Jahren, die die Adoptiv- oder Pflegetochter des Schuldigen ist, oder ihm zum Unterricht oder zur Erziehung anvertraut ist, wird mit Haft oder Gefängnis bis zu 4 Jahren bestraft.

§ 202

Hat unter den in den §§ 194—201 genannten Umständen anderer geschlechtlicher Umgang als Beischlaf stattgefunden, so ist auf eine verhältnismäßig geringere Gefängnisstrafe zu erkennen.

§ 203

Mit Gefängnis bis zu 6 Jahren wird bestraft, wer mit einer Person gleichen Geschlechts Unzucht unter Umständen treibt, die den §§ 194 bis 198 und 200 Abs. 1 entsprechen.

Mit Gefängnis bis zu 3 Jahren wird bestraft, wer älter als 18 Jahre mit einem Jugendlichen gleichen Geschlechts unter 18 Jahren Unzucht treibt. Die Strafe kann jedoch fortfallen, wenn die Betreffenden sich ungefähr im gleichen Alter und auf der gleichen Entwicklungsstufe befinden.

Mit Gefängnis bis zu 2 Jahren wird bestraft, wer einen Jugendlichen gleichen Geschlechts im Alter von 18—21 Jahren durch Mißbrauch einer auf Alter und Erfahrung beruhenden Überlegenheit zur Unzucht mit sich verführt.

§ 204

Hat der Täter in den Fällen der §§ 195, 200, 201 oder 203 fahrlässig ohne Kenntnis von dem geistigen Zustand oder Alter des Verletzten gehandelt, so wird auf eine verhältnismäßig geringere Strafe nicht unter dem Mindestmaß der Haftstrafe erkannt.

§ 205

Eine Strafe nach den §§ 194—202 und 204 kann fortfallen, wenn die Personen, zwischen denen der geschlechtliche Umgang stattgefunden hat, die Ehe miteinander eingegangen sind oder wenn sie damals verheiratet waren, und danach ein eheliches Leben aufgenommen oder weitergeführt haben.

§ 206

Wer aus Gewinnsucht jemanden durch Anreiz, Aufforderung oder Vermittlung zur Unzucht mit anderen verleitet oder sich aus der Unzucht anderer ein Gewerbe macht, wird mit Gefängnis bis zu 4 Jahren bestraft.

Gleiche Strafe trifft denjenigen, der einen Jugendlichen unter 18 Jahren unterstützt, damit dieser aus der Unzucht ein Gewerbe macht.

Gleiche Strafe trifft denjenigen, der an der Verbringung einer Person in das Ausland teilnimmt, damit diese dort aus der Unzucht ein Gewerbe mache, wenn diese noch nicht 21 Jahre alt ist oder von dem Zweck der Reise keine Kenntnis hat.

§ 207

Wer Bezahlung entgegennimmt, um mit einer Person gleichen Geschlechts Unzucht zu treiben, wird mit Haft oder Gefängnis bis zu 2 Jahren bestraft.

§ 208

Ist ein nach den §§ 206 oder 207 zu Verurteilender schon einmal wegen einer dieser Straftaten oder nach § 181 verurteilt worden, oder ist er wegen eines Bereicherungsdeliktes zu Gefängnis verurteilt worden, so kann die Strafe bis um die Hälfte erhöht werden.

§ 209

Wer durch unzüchtiges Verhalten das Schamgefühl des Einzelnen verletzt oder ein öffentliches Ärgernis erregt, wird mit Gefängnis bis zu 3 Jahren, Haft oder Geldstrafe bestraft.

§ 210

Wenn unzüchtige Schriften und Bilder im Druck veröffentlicht werden, so wird der nach dem Pressegesetz Verantwortliche mit Geldstrafe, Haft oder Gefängnis bis zu 6 Monaten bestraft.

Gleiche Strafe trifft zu bei der Herstellung oder der Einfuhr von unzüchtigen Schriften, unzüchtigen Bildern oder anderen solchen Dingen, um diese zu verbreiten, zu verkaufen, auszuteilen oder auf andere Weise zu verbreiten, um diese öffentlich auszustellen, sowie auch um einen öffentlichen Vortrag zu halten oder ein Spiel anzuregen, was in derselben Weise unsittlich ist.

Ebenso wird bestraft, wer Jugendlichen unter 18 Jahren unzüchtige Schriften, Bilder oder ähnliche Gegenstände gibt.

XXIII. KAPITEL

Straftaten gegen Leib und Leben

§ 211

Wer einen anderen tötet, wird mit Gefängnis von 5 Jahren bis zu lebenslänglicher Dauer bestraft.

§ 212

Tötet eine Mutter ihr Kind während oder gleich nach der Geburt und ist zu vermuten, daß sie in Not, aus Furcht vor Schande oder unter der Einwirkung einer durch die Geburt hervorgerufenen Schwächung oder Verwirrung gehandelt hat, so wird sie mit Gefängnis bis zu 6 Jahren bestraft.

Handelt es sich nur um den Versuch und hat die Handlung dem Kind keinen Schaden gebracht, so kann die Strafe fortfallen.

§ 213

Wer einen anderen auf dessen bestimmtes Verlangen tötet, wird mit Gefängnis bis zu 3 Jahren oder mit Haft nicht unter 60 Tagen bestraft.

§ 214

Wer den Selbstmord eines anderen unterstützt, wird mit Haft oder Geldstrafe bestraft. Wird die Handlung aus eigennützigen Beweggründen begangen, so wird mit Gefängnis bis zu 3 Jahren bestraft.

§ 215

Wer durch Fahrlässigkeit den Tod eines anderen verursacht, wird mit Geldstrafe, Haft oder Gefängnis bis zu 6 Jahren bestraft.

§ 216

Wegen Abtreibung wird eine Frau mit Haft oder Gefängnis bis zu 2 Jahren bestraft. Auf Fortfallen der Strafe kann bei mildernden Umständen erkannt werden.

Eine Klage wird, nachdem 2 Jahre seit der Begehung der Tat vergangen sind, nicht erhoben. Ein untauglicher Versuch bleibt straflos.

Wer im Einvernehmen mit der Mutter ihre Leibesfrucht tötet oder ihr bei der Abtreibung derselben Hilfe leistet, wird mit Gefängnis bis zu 4 Jahren bestraft. Bei grober Strafbarkeit, besonders wenn die Tat aus Gewinnsucht begangen worden ist oder diese den Tod oder eine schwere Gesundheitsschädigung der Mutter zur Folge gehabt hat, wird mit Gefängnis bis zu 8 Jahren bestraft. Ist die Tat ohne Zustimmung der Mutter begangen worden, so wird mit Gefängnis von 2 bis 12 Jahren bestraft.

§ 217

Wer den Körper eines anderen angreift, wobei der Angriff nicht so schwer ist wie dies nach § 218 der Fall ist, wird mit Geldstrafe, Haft oder Gefängnis bis zu 1 Jahr bestraft.

Eine Klage ist gemäß diesem § von dem Verletzten zu erheben. Eine öffentliche Anklage wird jedoch immer erlaubt sein.

§ 218

Wer durch einen vorsätzlichen körperlichen Angriff einem anderen einen Schaden an Körper oder Gesundheit zufügt, wird wegen Körperverletzung, begangen in vorsätzlicher oder fahrlässiger Tat, mit Haft oder Gefängnis bis zu 16 Jahren oder lebenslänglich bestraft.

§ 219

Die Strafe ist Geldstrafe, Haft oder Gefängnis bis zu 4 Jahren, wenn die fahrlässige Handlung eines Menschen eine Körper- oder Gesundheitsbeschädigung, so wie sie in § 218 genannt ist, zur Folge gehabt hat.

§ 220

Wer einen anderen in hilflosen Zustand versetzt oder eine in seiner Obhut stehende Person in solchem Zustand verläßt, wird mit Gefängnis bis zu 8 Jahren bestraft.

Eine Mutter, die ihr Kind gleich nach der Geburt hilflos verläßt, wird unter ähnlichen Umständen, wie unter § 212, verhältnismäßig milder bestraft. Die Strafe kann ganz fortfallen, wenn das Kind keinen besonderen Schaden genommen hat.

Wie in Abs. 1 wird bestraft, wer einen Reisenden aus dem Hause weist oder ihm den falschen Weg zeigt, wenn er erkennen konnte, daß er den Reisenden dadurch einer Gefahr aussetzt.

Mit Haft oder Gefängnis bis zu 4 Jahren wird bestraft, wer aus Gewinnsucht, Leichtsinn oder auf andere rücksichtslose Weise das Leben oder die Gesundheit anderer Menschen gefährdet.

§ 221

Mit Haft oder Gefängnis bis zu 2 Jahren, bei mildernden Umständen mit Geldstrafe, wird bestraft, wer es unterläßt, jemandem zu helfen, der in Lebensgefahr schwebt, wenn ihm dies ohne besondere Gefahr für sein Leben und seine Gesundheit möglich gewesen wäre.

Ebenso wird bestraft, wer es unterläßt, Maßnahmen zu treffen, die nach den Umständen zur Rettung eines anscheinend Leblosen oder die zu Fürsorge für Personen vorgeschrieben sind, die von einem Schiffbruch oder einem ähnlichen Unglücksfall betroffen sind.

§ 222

Mit Geldstrafe oder Haft bis zu 3 Monaten wird bestraft, wer vorsätzlich oder fahrlässig Kindern unter 15 Jahren, Geisteskranken, Schwachsinnigen oder Betrunkenen gefährliche Gegenstände oder Stoffe überläßt.

§ 223

Mit Geldstrafe oder Haft wird bestraft, wer sich böswillig seiner Pflicht entzieht, einer geschwängerten Frau, die seiner Fürsorge überlassen ist, die zu ihrer Niederkunft erforderliche Hilfe zu gewähren, wenn ihr oder des Kindes Leben und Gesundheit dadurch einer Gefahr ausgesetzt sind.

§ 224

Mit Haft oder Gefängnis bis zu 4 Jahren wird bestraft, wer einen anderen der Gefahr aussetzt, mit einer Geschlechtskrankheit angesteckt zu werden. Bei Fahrlässigkeit wird mit Geldstrafe oder Haft bestraft.

XXIV. KAPITEL

Straftaten gegen die persönliche Freiheit

§ 225

Wer jemanden durch körperliche Gewalt oder Drohung, an ihm oder seinen nächsten Verwandten körperliche Gewalt oder Freiheitsberaubung auszuüben oder unwahre Beschuldigungen wegen strafbaren oder ehrenrührigen Verhaltens von ihm oder seinen nächsten Verwandten zu erheben oder durch Erhebung wahrer ehrenrühriger Beschuldigungen, soweit der Zwang nicht durch Umstände, auf die sich die Drohung bezieht, ausreichend begründet erscheint, zu einer Handlung, Duldung oder Unterlassung nötigt, wird mit Geldstrafe, Haft oder Gefängnis bis zu 2 Jahren bestraft.

§ 226

Wer einen anderen der Freiheit beraubt, wird mit Gefängnis bis zu 4 Jahren, bei mildernden Umständen mit Haft bestraft.

Geschieht dies aus Gewinnsucht oder war die Freiheitsberaubung von langer Dauer oder bestand sie darin, daß jemand unberechtigt als geisteskrank in Verwahrung oder in ein fremdes Land gebracht wurde oder in die Gewalt von Menschen übergeben wurde, die dazu kein Recht haben, so wird mit Gefängnis von 1 bis zu 16 Jahren oder lebenslänglich bestraft.

§ 227

Wer durch grobe Fahrlässigkeit eine Tat der in § 226 Abs. 2 genannten Art verursacht, wird mit Geldstrafe, Haft oder Gefängnis bis zu 1 Jahr bestraft.

XXV. KAPITEL

Ehrenkränkungen und Friedensstörungen

§ 228

Mit Geldstrafe, Haft oder Gefängnis bis zu 1 Jahr wird bestraft, wer sich zu Briefen, Dokumenten, Tagebüchern und anderen solchen Mitteilungen Zugang verschafft, welche Auskünfte über das Privatleben eines anderen enthalten, indem er Briefe erbricht, sich Zugang zu den verschlossenen Behältnissen eines anderen verschafft oder eine ähnliche Methode anwendet.

Dieselbe Strafe trifft denjenigen, der die im Abs. 1 genannten Privatdokumente zerstört oder diese entfernt.

Mit Geldstrafe oder Haft bis zu 3 Monaten wird bestraft, wer sich ohne ausreichenden Grund Zugang zu den verschlossenen Behältnissen eines anderen verschafft.

§ 229

Wer ohne ausreichenden Grund öffentlich Mitteilung über rein private Angelegenheiten eines anderen macht, wird mit Geldstrafe oder Haft bis zu 1 Jahr bestraft.

§ 230

Mit Geldstrafe oder Haft wird bestraft, wer auf Grund öffentlicher Zulassung oder Anerkennung einen Beruf ausübt oder ausgeübt hat, wenn er Geheimnisse des Privatlebens verrät, die bei der Ausübung seiner Tätigkeit zu seiner Kenntnis gekommen sind. Dieselbe Strafe trifft diejenigen, die an der Tat Mithilfe geleistet haben.

§ 231

Wer unerlaubt in ein fremdes Haus oder Schiff oder einen anderen nicht freizugänglichen Ort eindringt und sich weigert, den Platz auf Aufforderung zu verlassen, wird mit Geldstrafe oder Haft bis zu 6 Monaten bestraft. Es kann jedoch bei schwerer Strafbarkeit auf ein höheres Maß von Haft oder auf Gefängnis bis zu 1 Jahr erkannt werden, z. B. wenn der Täter bewaffnet war oder Gewalt oder Drohung mit Gewalt verübt hat oder wenn die Tat von mehreren gemeinsam begangen worden ist.

§ 232

Wer den Frieden eines anderen dadurch stört, daß er trotz polizeilicher Verwarnung auf ihn eindringt, ihn mit schriftlichen Anträgen verfolgt oder ihn in ähnlicher Weise belästigt, wird mit Geldstrafe oder Haft bis zu 6 Monaten bestraft.

Wer öffentlich einen anderen mit vorsätzlich falschen Behauptungen verfolgt, die dazu geeignet sind, den Beleidigten in der Achtung seiner Mitbürger herabzusetzen, wird mit Geldstrafe oder Haft bis zu 1 Jahr bestraft.

§ 233

Wer in einer Weise, die geeignet ist, in jemandem ernstliche Furcht für sein oder anderer Leben, Gesundheit oder wirtschaftliche Existenz zu erregen, mit der Begehung einer strafbaren Handlung droht, wird mit Geldstrafe, Haft oder Gefängnis bis zu 2 Jahren bestraft.

§ 234

Wer die Ehre eines anderen durch beleidigende Worte oder Handlungen kränkt oder dieses verbreitet, wird mit Geldstrafe oder Haft bis zu 1 Jahr bestraft.

§ 235

Wer eine Beschuldigung gegen einen richtet, die seine Ehre kränken würde oder diese verbreitet, wird mit Geldstrafe oder Haft bis zu 1 Jahr bestraft.

§ 236

Ist eine ehrenrührige Beschuldigung wider besseres Wissen erhoben oder verbreitet worden, so wird der Täter mit Haft oder Gefängnis bis zu 2 Jahren bestraft.

Ist die Beschuldigung öffentlich erhoben oder verbreitet worden, obwohl der Täter keinen wahrscheinlichen Grund für die Richtigkeit der Beschuldigung gehabt hat, so wird er mit Geldstrafe oder Gefängnis bis zu 2 Jahren bestraft.

§ 237

Wer einen anderen ohne jeglichen Grund beschuldigt, wird mit Geldstrafe bestraft, auch wenn seine Beschuldigung wahr ist.

§ 238

Die Führung des Wahrheitsbeweises für eine strafbare Handlung, wegen derer der Beschuldigte durch rechtskräftiges Urteil im In- oder Ausland freigesprochen ist, ist nicht zulässig.

Hat einer, der strafverurteilt worden ist, die Wiederverleihung seiner Ehre erhalten, so kann die Beschuldigung nicht aufrechterhalten werden, und in diesem Falle befreit der Beweis nicht von Strafe.

§ 239

Eine Strafe nach §§ 234 und 235 kann fortfallen, wenn die Handlung durch ungebührliches Auftreten des Verletzten verursacht war oder dieser gegen den Beleidiger Vergeltung geübt hat.

§ 240

Wer beleidigende Äußerungen über einen Verstorbenen macht, wird mit Geldstrafe oder Haft bestraft.

§ 241

Auf Antrag des Beleidigten können ehrenrührige Äußerungen durch Urteil getilgt werden.

Wer wegen einer beleidigenden Beschuldigung für schuldig befunden wird, kann auf Antrag des Beleidigten verpflichtet werden, ihm einen angemessenen Betrag zur Bestreitung der Kosten der Bekanntmachung des Urteils in einer oder mehreren öffentlichen Zeitungen oder Zeitschriften, sei es der Urteilsformel allein, sei es daneben auch der Urteilsgründe, zu entrichten.

§ 242

Die in diesem Kapitel genannten Straftaten werden, wie folgt, verfolgt:

1. Taten gegen die Bestimmungen des § 233 werden öffentlich verfolgt.

2. a) Taten gegen die Bestimmungen der §§ 230, 231, 232 werden auf Antrag des Verletzten öffentlich verfolgt.

b) Wird jemand, der im öffentlichen Amt tätig ist oder gewesen ist, wegen eines Verhaltens beschuldigt, was irgendwie seine Tätigkeit betrifft oder, wenn die Beschuldigung wahr ist, den Verlust des Amtes oder des Auftrages zur Folge haben kann, so kann der Verletzte Antrag auf öffentliche Klage stellen.

c) Ist die ehrenkränkende Beschuldigung in einem anonymen oder mit unrichtigem oder erdichtetem Namen versehenen Schriftstück erhoben, wird die Tat auf Antrag des Verletzten öffentlich verfolgt.

3. Klagen auf andere solcher Taten kann nur der Verletzte anstrengen.

XXVI. KAPITEL

Bereicherungsdelikte

§ 243

Die in diesem Kapitel erwähnten Taten werden nur bestraft, wenn sie vom Täter begangen wurden, um sich zu bereichern.

§ 244

Wegen eines Diebstahls an Geldern oder Energiemengen wird mit Gefängnis bis zu 6 Jahren bestraft.

Ist ein Diebstahl besonders schwer, z. B. wegen des erheblichen Wertes des Gestohlenen, wegen der Umstände, unter denen es sich befand, wegen der Art der Ausführung des Diebstahls oder wegen der Gefahren, die dem Diebstahl folgten, oder sind die Diebstähle von vielen gemeinsam begangen oder in größerer Zahl von demselben begangen worden, so ist auf Gefängnis von wenigstens 3 Monaten zu erkennen.

§ 245

Wegen Raubes[1]) wird auf dieselbe Strafe wie auf Diebstahl erkannt.

§ 246

Wer sich gefundene Sachen oder eine fremde bewegliche Sache oder Sachen zueignet, die durch Zufall in den Gewahrsam des Täters gelangt sind, wird mit Geldstrafe, Haft oder Gefängnis bis zu 3 Jahren bestraft.

§ 247

Mit Gefängnis bis zu 6 Jahren wird bestraft, wer sich eine in seinem Gewahrsam befindliche Sache zueignet, die einem anderen gehört, ohne daß ein Fall des § 246 vorliegt.

Nach Abs. 1 wird bestraft, wer ihm anvertrautes Geld unrechtmäßig verbraucht, auch wenn er nicht verpflichtet war, es von seinem Vermögen getrennt zu halten.

§ 248

Mit Gefängnis bis zu 6 Jahren wird bestraft, wer jemanden durch rechtswidrige Erregung, Unterhaltung oder Ausnützung eines Irrtums oder einer unklaren Erinnerung über ein Geschehnis, zu einer Handlung oder Unterlassung bewegt, um sich von ihm oder einem anderen einen unberechtigten Gewinn zu verschaffen.

§ 249

Wer eine ihm offenstehende Möglichkeit, für einen anderen mit rechtlicher Wirkung zu handeln, mißbraucht oder in einer Vermögensangelegenheit, deren Wahrnehmung für den anderen ihm obliegt, gegen dessen Interessen handelt, wird mit Gefängnis bis zu 2 Jahren

---

[1]) Auf isl. gripdeild, dän. ran, i. e. eine offene Wegnahme fremden Eigentums.

bestraft. Die Strafe kann sogar, bei schwerer Strafbarkeit, bis zu 6 Jahren erschwert werden.

§ 250

Wegen Schuldnerbetrugs wird mit Gefängnis bis 6 Jahren bestraft, wer sich folgender Taten schuldig macht:

1. Den Empfang eines Geld- oder anderen Darlehens oder einer Leistung, für die ein Entgelt zu entrichten ist, ableugnet oder die Aufrechterhaltung seiner Pflichten durch Anwendung falscher Beweise ableugnet.

2. Sachen veräußert, verpfändet, sich zueignet oder auf andere Weise über ihm gehörende Sachen verfügt, an denen ein Dritter ein Recht erworben hat, mit dem die Handlung unvereinbar ist.

3. Nach der Eröffnung des Konkursverfahrens über sein Vermögen oder Verhandlungen über einen Zwangsvergleich außerhalb des Konkurses Handlungen vornimmt, die bezwecken, die Gegenstände oder Forderungen der Masse dem Zugriff der Gläubiger zu entziehen.

4. Durch falsche Angaben, Verschleierung (wörtl. Verstecken), Scheingeschäfte, unverhältnismäßige Geschenke oder Verbrauch, Verkauf unter dem Werte, Bezahlung oder Sicherstellung noch nicht fälliger Schulden oder verhältnismäßig hoher fälliger Forderungen, Aufnahme neuer Schulden, die sein Eigentum beträchtlich vermindern, oder in sonstiger, ähnlicher Weise, das Recht eines Gläubigers zur Befriedigung aus seinem Eigentum verletzt.

Ein Gläubiger, zu dessen Begünstigung eine Handlung der in Ziffer 4 genannten Art, um einen anderen Gläubiger zu benachteiligen, vorgenommen worden ist, wird nur bestraft, wenn er zu einem Zeitpunkt, als er den Konkurs oder die Zahlungseinstellung des Schuldners als unmittelbar bevorstehend voraussah, diesen dazu bestimmt hat, ihn in dieser Weise zu begünstigen.

Eine Tat der in Ziffer 4 genannten Art, durch den kein besonderes Recht verletzt ist, wird nur verfolgt, wenn ein Verletzter dies beantragt oder wenn eine vergebliche Pfändung, ein Konkursverfahren oder die Verhandlung über einen Zwangsvergleich außerhalb des Konkurses nachgefolgt sind.

§ 251

Mit Gefängnis bis zu 6 Jahren wird bestraft, wer sich von jemandem oder dessen nahen Verwandten unberechtigten Gewinn dadurch verschafft, daß er ihm mit körperlicher Gewalt, mit seiner oder deren Freiheitsberaubung, mit Erhebung unwahrer Beschuldigungen wegen seines strafbaren oder ehrenrührigen Verhaltens oder dem seiner nahen Verwandten oder mit Erhebung anderer, auch wahrer Beschuldigungen droht, sofern die Erpressung nicht durch die Umstände, die Anlaß zu der Drohung gegeben haben, ausreichend begründet erscheint, oder endlich dadurch, daß er mit erheblichem Schaden oder Zerstörungen an seinem Eigentum droht.

§ 252

Wer mit körperlicher Gewalt oder durch Drohung mit augenblicklicher Gewaltanwendung jemandem Geld oder Sachen abzwingt, eine gestohlene Sache in Sicherheit bringt, jemanden zu einer Handlung oder Unterlassung nötigt, durch die diesem oder jemandem, für den die Handlung oder Unterlassung wirkt, einen Vermögensverlust zugefügt wird, wird mit Gefängnis von mindestens 6 Monaten bis zu 10 Jahren bestraft.

Hatte der Raub einen besonders gefährlichen Charakter, so kann auf Gefängnis bis zu 16 Jahren erkannt werden.

§ 253

Mit Haft oder Gefängnis bis zu 2 Jahren wird bestraft, wer die Notlage, die Einfalt, die Unerfahrenheit oder ein ihm gegenüber bestehendes Abhängigkeitsverhältnis eines anderen ausnützt, um bei einem Rechtsgeschäft eine Leistung zu erlangen oder sich auszubedingen, die in offenbarem Mißverhältnis zur Gegenleistung steht oder stehen sollte oder etwas verlangt, wenn die Leistung ohne jegliches Entgelt zu gewähren gewesen wäre.

§ 254

Mit Gefängnis bis zu 4 Jahren wird bestraft, wer, ohne daß die Tat unter die §§ 244, 245 oder 247—252 fällt, dem Inhaber Gegenstände oder Kostbarkeiten, die unter Verstoß gegen diese Bestimmungen erworben sind, rechtswidrig vorenthält, sich einen Anteil daran verschafft, einer Person darin beisteht, einen solchen Gewinn zu behalten oder in ähnlicher Weise dazu beiträgt, den Ertrag einer solchen Straftat zu sichern. Auf Haft oder Geldstrafe kann erkannt werden, wenn der Beschuldigte sich anfänglich die Gegenstände, die durch ein Bereicherungsdelikt erworben sind, ehrlich erworben hat.

In den Fällen des Abs. 1, die in Verbindung mit den nach §§ 246 oder 253 strafbaren Delikten stehen, wird mit Geldstrafe, Haft oder Gefängnis bis zu 2 Jahren bestraft.

§ 255

Ist jemand wegen eines dieser Bereicherungsdelikte schon einmal verurteilt worden, so kann die vorgesehene Strafe um die Hälfte erschwert werden. Ist jemand schon öfter wegen Bereicherungsdelikte verurteilt worden, so kann die Strafe doppelt so schwer werden. In dem Falle kann wegen eines Raubes auf lebenslängliche Strafe erkannt werden.

§ 256

Ist eine der in den §§ 244—250, 253 oder 254 genannten Straftaten von geringer Strafwürdigkeit und ist der Täter wegen eines Bereicherungsdeliktes nicht vorbestraft, so kann die Strafe auf Haft oder Geldstrafe ermäßigt werden oder sogar ganz fortfallen.

Beträgt der Vermögensverlust nicht über 1000 Kr., liegen keine besonderen erschwerenden Umstände vor oder ist der Täter wegen eines Bereicherungsdeliktes nicht vorbestraft, so ist nur auf Antrag des Verletzten ein öffentlicher Prozeß anzustrengen[1]).

Auf Antrag des Verletzten kann bei den in §§ 244—250 und 254 genannten Taten, wenn sie von einem der nächsten Angehörigen des Schuldigen begangen worden sind, von der Verfolgung abgesehen werden.

XXVII. KAPITEL

Andere strafbare Vermögensschädigungen

§ 257

Wer Sachen, die einem anderen gehören, zerstört, beschädigt oder beiseiteschafft, wird mit Geldstrafe, Haft oder Gefängnis bis zu 2 Jahren bestraft.

Sind Zerstörungen in erheblichem Umfang verübt worden oder ist die Tat sonst besonders schwer, oder ist der Täter schon einmal nach diesem § oder nach den §§ 164, 165, 168 Abs. 1, 176 Abs. 1 oder 177 für schuldig befunden worden, so kann auf Gefängnis bis zu 4 Jahren erkannt werden.

Wird der Schaden unter den im Abs. 2 genannten Umständen aus grober Fahrlässigkeit verursacht, so wird mit Geldstrafe oder Haft oder Gefängnis bis zu 6 Jahren bestraft.

Eine Verfolgung nach Abs. 1 und 3 ist nur auf Antrag des Verletzten einzuleiten.

§ 258

Wer sein Eigentum durch Beschädigung oder Beiseiteschaffung dem Zugriff seiner Gläubiger oder eines von ihnen entzieht, wird mit Geldstrafe, Haft oder Gefängnis bis zu 1 Jahr bestraft.

Über eine gerichtliche Verfolgung finden die Vorschriften des § 250 Abs. 4 hier entsprechende Anwendung.

§ 259[2])

Wer unberechtigt das Auto, Flugzeug, Schiff oder andere Kraftfahrzeuge, die einem anderen gehören, benutzt, wird mit Haft, Gefängnis bis zu 4 Jahren oder bei geringer Strafbarkeit oder mildernden Umständen mit Geldstrafe bestraft.

Wer sonst unberechtigt eine Sache gebraucht, die einem anderen gehört, so daß diesem dadurch ein Verlust oder ein erheblicher Nachteil zugefügt wird, wird mit Geldstrafe oder Haft oder Gefängnis bis zu 2 Jahren bestraft.

Wer verhindert, daß jemand sein Recht ausübt, über eine in seinem Gewahrsam aufbewahrte Sache zu verfügen, oder sie zurückzuhalten, wird mit Geldstrafe, Haft oder Gefängnis bis zu 6 Monaten bestraft.

Eine Verfolgung wegen der in den Abs. 2 und 3 genannten Taten ist nur auf Antrag des Verletzten einzuleiten.

---

[1]) § 256, Abs. 2, in der Fassung des Gesetzes Nr. 101 vom 23. Dezember 1950.
[2]) In der Fassung des Gesetzes Nr. 20 vom 1. März 1956.

§ 260

Wer sich unrechtmäßig selbst Recht verschafft[1]), wird mit Geldstrafe bestraft. Diese Tat ist nicht öffentlich zu verfolgen.

§ 261

Mit Geldstrafe, Haft oder Gefängnis bis zu 1 Jahr wird bestraft, wer einen Fall der §§ 248—250 begangen hat, ohne daß der Beweis einer Bereicherungsabsicht vorliegt.

§ 262

Mit Geldstrafe oder Haft wird bestraft, wer es unterläßt, Geschäftsbücher zu führen, deren Führung ihm kraft Gesetzes obliegt, oder wer sich bei der gesetzlich vorgeschriebenen Führung dieser einer groben Unordnung schuldig macht.

§ 263

Wer infolge grobfahrlässigen Verhaltens Sachen, die durch ein Bereicherungsdelikt erworben sind, ersteht oder entgegennimmt, wird mit Geldstrafe oder Haft bestraft. Bei Rückfall, sowie wenn der Schuldige schon einmal wegen eines Bereicherungsdeliktes verurteilt worden ist, kann auf Gefängnis bis zu 6 Monaten erkannt werden.

XXVIII. KAPITEL

Entschädigung, Fortfall des Erbrechtes

§ 264

Wer wegen verübter Gewaltanwendung am Körper oder der Freiheit eines anderen Schaden vergüten soll, oder wer sich einer strafbaren Handlung gegen eine Person, einer böswilligen Straftat gegen den Frieden oder die Ehre eines anderen schuldig macht, wird verurteilt, dem Verletzten außer einer Entschädigung für Geldverlust, wenn nötig Entschädigung für Schmerzen, Ehrenkränkung, Unannehmlichkeiten, körperliche Schäden, wie auch Beeinträchtigung der wirtschaftlichen Existenz zu bezahlen.

Wer nach dem Gesetz für den Tod eines anderen verantwortlich ist, kann verurteilt werden, dem, der dadurch seinen Ernährer verloren hat, Entschädigung für den anzunehmenden Verlust zu zahlen. Als Entschädigung kann eine einmalige Abfindung oder Raten, in bestimmten Abständen zu zahlen, festgesetzt werden, wobei gleichzeitig bestimmt wird, ob eine Sicherheit für die rechtzeitige Zahlung erforderlich ist. Bei dem in diesen Absätzen beschriebenen Umstand kann auch auf Entschädigung für die Beeinträchtigung der wirtschaftlichen Existenz erkannt werden.

Die Forderung auf Entschädigung wegen eines anderen Verlustes als Geldverlustes vererbt sich, sofern diese schon anerkannt ist, eine Privatklage wegen deren Eintreibung oder Anerkennung erhoben worden ist, oder diese vor dem Gericht in einem öffentlichen Prozeß vorgelegt oder in der Klage oder Vorladung angeführt ist.

[1]) Isl. gertaeki, dän. selvtaegt.

Ein solches Forderungsrecht darf nur dann abgetreten werden, wenn die Forderung schon anerkannt oder über sie ein Urteil ergangen ist.

§ 265

Wer einem anderen das Leben nimmt, so daß die Tat nach § 211 strafbar ist, sich gegen einen anderen, in der in den §§ 220 oder 221 bezeichneten Art strafbar macht und dies auch den Tod des anderen herbeiführt, oder wer den Tod eines anderen durch Körpergewalt fahrlässig verursacht, so daß die Tat nach §§ 217 oder 218, vgl. § 215, strafbar ist, verliert das Erbrecht demgegenüber, den er getötet hat.

Wer vorsätzlich an seinen Eltern oder anderen Verwandten gerader aufsteigender Linie Gewalt verübt, ihnen nach den §§ 66 oder 233 droht oder ihnen Unheil androht, deren Ehre kränkt oder sich ihnen gegenüber anderer strafbaren Taten schuldig macht, kann in einem öffentlichen Verfahren zum Verlust seines Erbrechtes dem gegenüber, dem er zuwidergehandelt hat, auf dessen Antrag verurteilt werden.

Wer sein Erbrecht in obiger Weise verloren hat, kann durch ein Testament sein Erbrecht ganz oder teilweise wiedererhalten.

§ 266

Gegen Gefangene, die nicht ihre Strafe verbüßen, oder gegen Gefangene, die Tagesbußen oder Unterhaltspflichten absolvieren, können nach näheren, durch Reglement[1]) zu treffenden Bestimmungen dieselben Disziplinarstrafen, wie § 47 für Gefangene in Haft bestimmt, verhängt werden. Solche Disziplinarstrafen dürfen jedoch nicht eine Verlängerung der Strafzeit zur Folge haben.

Die Bestimmungen des § 48 können an diesen Gefangenen angewandt werden, so wie es angebracht erscheint.

§ 267

Hat ein Jugendlicher unter 15 Jahren eine Straftat begangen, so bestimmt der Polizeichef nach Rücksprache mit dem Jugendamt (Schulamt) die angebrachten Erziehungs- oder Sicherheitsmaßnahmen. Besteht aus diesem Grunde die Notwendigkeit, jemandem das Elternrecht zu entziehen, kann das der Justizminister tun, sowie auch die Erziehung des Kindes einem anderen übergeben. Diese Maßnahmen können bis zum 18. Lebensjahr beibehalten werden.

XXIX. KAPITEL

Über das Inkrafttreten des Gesetzes usw.

§ 268

Die Art der Freiheitsstrafe ist nach folgenden Grundsätzen zu ändern, wenn es erlaubt ist, nach Gesetzen, die durch dieses Gesetz nicht fortfallen, abzuurteilen.

---

[1]) Gesetz Nr. 100 vom 7. Dezember 1951 § 4.

An Stelle von Gefängnis ohne nähere Angaben und an Stelle von Gefängnis der üblichen Gefangenkost tritt Haft oder Gefängnis bis zu 2 Jahren.

An Stelle einer einfachen Gefängnisstrafe tritt Haft.

An Stelle von Gefängnis bei Wasser und Brot tritt eine Gefängnisstrafe von vierfacher Dauer, jedoch nicht unter 12 Tagen.

An Stelle von Strafarbeit tritt Gefängnis für den gleichen Zeitraum.

§ 269

Wenn im älteren noch gültigen Gesetz auf Bestimmungen eines Gesetzes, was durch dieses Gesetz fortgefallen ist, verwiesen ist, so bedeutet es einen Hinweis auf die Bestimmungen dieses Gesetzes, die den genannten Bestimmungen am ähnlichsten sind.

§ 270

Der Justizminister ändert die Strafart nach den Bestimmungen des § 267, wenn jemand bei dem Inkrafttreten dieses Gesetzes eine Freiheitsstrafe nach einer Strafbestimmung zu verbüßen hat, die vor dem Inkrafttreten des Gesetzes festgesetzt worden ist. Wer zu Strafarbeit verurteilt worden ist, wird, nach der in § 14 des Allgemeinen Strafgesetzes vom 25. Juni 1869 beschriebenen Weise, die Zeit verkürzt bekommen.

Gegen den Beschluß des Justizministers nach diesem § kann nach den Regeln über die Berufung in öffentlichen Klagesachen bei dem Obersten Gericht Berufung eingelegt werden.

§ 271

Solange es keine besondere Verwahrungsanstalt gibt, kann man Gefangene, die zu Haft verurteilt sind, die Strafe in derselben Gefängnisanstalt wie Gefangene, die zu Gefängnisstrafe verurteilt wurden, verbüßen lassen. Haftgefangene sind jedoch nach Möglichkeit von anderen Gefangenen abgesondert zu halten.

§ 272

Dieses Gesetz tritt in Kraft sechs Monate nach Bestätigung durch den König.

§ 273

Mit Beginn des Vollzuges dieses Gesetzes fallen folgende gesetzliche Bestimmungen fort: ....

FSC
www.fsc.org
MIX
Papier | Fördert gute Waldnutzung
FSC® C083411

Kolibri 360 GmbH
Ferdinand-Jühlke-Straße 7
99095 Erfurt, Deutschland
produktsicherheit@kolibri360.de